Die Deutsche Wehrmacht im II. Weltkrieg

Tatsachen - Berichte - Dokumente

P. Paus

Das Inferno von Dieppe

1942 - Der gescheiterte britisch-kanadische Landungsversuch

Titelillustration: Archiv
Umschlagentwurf und -gestaltung: Werbeagentur Zeuner, Ettlingen

Druck und Bindung: Ebner Ulm
Alleinvertrieb und Auslieferung in Österreich:
Pressegroßvertrieb Salzburg Gesellschaft m.b.H.,
Niederalm 300, A-5081 Anif

Vorwort

25. August 1942. Rund 6000 britische und kanadische Soldaten, durchsetzt mit Kommandoeinheiten, waren auf neun Landungsschiffen mit einer aus acht Zerstörern bestehenden Eskorte von England über den Ärmelkanal zur französischen Küste geschickt worden. Ihr Ziel: die Hafenstadt Dieppe. Das Unternehmen trug die Tarnbezeichnung „Jubilee“, auf deutsch etwa „Jubelfeier“. Der so verheißungsvoll anmutende Deckname sollte den Briten und den Kanadiern auf den Transportschiffen kein Glück bringen, sondern die meisten von ihnen in den Tod begleiten. Und es war gut, daß sie an jenem blutigen Augusttag vor der Landung nicht wußten, welchem Zweck ihr Einsatz eigentlich diente: einem Test für die spätere Invasion in Nordfrankreich, wobei vor allem Erfahrungen über deutsche Verteidigungsanlagen und -praktiken gesammelt werden sollten.

Die meisten britischen und kanadischen Soldaten auf der Landungsflotte waren schon Todgeweihte, ehe der erste Schuß gefallen war. Trotz des Einsatzes britischer Jäger bedeckten nach dem gescheiterten Angriffsversuch Tausende von Gefallenen den Strand und die Kampfstätten innerhalb der Stadt. Allein das kanadische Detachement verlor von 4961 eingesetzten Kämpfern 3363 Mann, die Kommandotruppen 247 von 1057, die britische Marine einen Zerstörer und 33 Landungsboote und die RAF (brit. Luftwaffe) 106 Flugzeuge, während auf deutscher Seite rund 600 Verteidiger den Tod gefunden hatten.

Der Verlauf dieses Landungsunternehmens bildet den Inhalt des vorliegenden Bandes.

Langsam drehte sich die große Gitterantenne des „Freya"-Geräts Typ 28 (Radargerät), das auf einem 85 Meter hohen Kreidefelsen direkt an der Kanalküste bei Pourville in Nordfrankreich stand. Die aus vielen Drähten bestehende rechteckige „Matratze" schwenkte wieder zurück und blieb plötzlich in Richtung Nordosten stehen.

„Zacken! Eine ganze Menge Zacken!" sagte Unteroffizier Gödde*, der in der mitschwenkenden Kabine unterhalb der Antenne mit zwei weiteren Funkern saß.

Die Männer in den blauen Luftwaffenuniformen blickten auf die drei Braunschen Röhren für die Grob- und Feinübersicht sowie für die Entfernungsmessung.

Die „Zacken" (Radarimpulse) bewegten sich langsam weiter.

„Schiffe! Viele Schiffe", erklärte Gödde und sah die beiden anderen an, deren Gesichter vom violetten Schimmer der kleinen runden Bildschirme überzogen waren.

„Das müssen wir sofort melden", meinte Obergefreiter Honsel.

Gödde nahm den Hörer vom Feldfernsprecher und drehte die Induktorkurbel. Dabei blickte er auf den Chronometer. Es war genau 03.32 Uhr.

* Alle Namen, außer solchen von Persönlichkeiten der Zeitgeschichte, sind frei gestaltet.

„Nachtigall!“ meldete sich die Flugmeldezentrale mit ihrem Decknamen. Sie war in einem Parterreraum des etwa einen Kilometer von der Radarstation entfernten Golf-Hotels untergebracht; einem schlichten Holzbau an der Landstraße Pourville-Dieppe, der in Friedenszeiten englischen Touristen als Unterkunft gedient hatte.

„Gib mir den Leutnant!“ verlangte Gödde von dem Mann am anderen Ende der direkten Leitung.

„Kohn!“ war sofort darauf die Stimme des Nachrichtenoffiziers zu hören, der in dieser Nacht vom 18. bis 19. August 1942 die Aufsicht in der Auswertzentrale hatte. Kohn war Zugführer in der 23. schweren Flugmeldekompanie des Luftgaunachrichtenregiments Belgien-Nordfrankreich.

„Wir haben eine Menge Schiffe im Kasten, Herr Leutnant“, meldete Gödde.

„Seid ihr sicher?“

„Aufgrund der Geschwindigkeit, mit der sich die Ziele bewegt haben, kann es sich nur um Schiffe handeln“, erwiderte Gödde.

„Was heißt haben?“ fragte Kohn.

„Weil sie im Augenblick stilliegen“, antwortete der Unteroffizier aus der engen Kabine.

„Entfernung, Gödde?“

„35 Kilometer, nordostwärts von uns, Herr Leutnant!“

„Beobachten Sie weiter und halten Sie mich auf dem laufenden. Klar?“

„Jawohl, Herr Leutnant!“

„Ich werde der Angelegenheit mal näher ins Gesicht schauen. Ende!“ erklärte Kohn zum Schluß.

Die Funker beobachteten gespannt die georteten Ziele

auf den Bildschirmen. Sie lagen immer noch still. Plötzlich bewegten sie sich durcheinander.

„Was hat das denn zu bedeuten?“ fragte Obergefreiter Honsel.

„Das weiß der Teufel“, brummte Gödde nachdenklich.

Minuten später tauchten an den Rändern der Bildschirme weitere „Zacken“ auf, die sich auf die bereits vorhandenen zubewegten.

„Mensch, da kommen ja noch welche angezockelt!“ stieß Honsel aus. Die Funkmeßspezialisten in Dieppe-Pourville ahnten da noch nicht, was auf sie und den ganzen Küstenabschnitt zukam und was draußen auf dem Wasser des Kanals geschah.

„Schatten voraus, Herr Oberleutnant“, rief Leutnant Rönne (1. Wachoffizier), der mit dem Kommandanten im Brückenhaus eines U-Boot-Jägers stand.

Oberleutnant Köster fuhr herum und starrte in die Dunkelheit. „Tatsächlich, ein Schatten“, kam es über seine schmalen Lippen. „Da sind ja noch mehr“, rief er nach einem Rundblick durch das schwere Fernglas.

„Klar bei Scheinwerfer!“ befahl Köster. „Geschütze nach Backbord! E-Messer! Frage: Entfernung?“

Bevor Kösters Befehle ausgeführt werden konnten, flammte auf einem der seltsamen Schatten ein heller Lichtstrahl auf.

Sofort darauf blitzte es an Backbord des deutschen U-Boot-Jägers auf, der um 20.00 Uhr (18.8.42) zusammen mit fünf Motorschiffen, einem Minenräumboot und einem weiteren U-Boot-Jäger von Boulogne ausgelaufen war. Das Ziel des Konvois war der Hafen von Dieppe.

Feuerzungen leckten durch die Nacht. Leuchtspurketten tanzten auf den U-Boot-Jäger zu und schlugen klatschend ein. Holz splitterte. Metall kreischte.

Die Männer im Brückenhaus zogen unwillkürlich die Köpfe ein.

Die eigenen Scheinwerfer flammten auf. Die dichten weißen Lichtfinger strichen über die Gegnerschiffe hinweg. Dann erloschen sie wieder.

„Ein Zerstörer und eine Menge Schiffe", rief Oberleutnant Köster durch den Gefechtslärm, der sich steigerte.

Die 8,8-cm-Kanone auf dem U-Boot-Jäger donnerte. Die Flak-Waffen jagten leuchtende Geschoßgarben zum Gegner hinüber. Sie trafen, schwiegen und hackten erneut los.

Auch vor, neben und hinter dem U-Jäger blitzte es. Die übrigen Schiffe des deutschen Konvois feuerten ebenfalls auf die Schatten, die jetzt kreuz und quer durcheinander fuhren.

Die „Achtacht" des U-Boot-Jägers krachte wieder.

Einschlag auf dem vordersten englischen Schiff. Treffer genau mittschiffs, dicht über der Wasserlinie.

Ein Zerstörer der Gegenseite antwortete mit einem grellen Blitz und einem Einschlag im Vorschiff des deutschen Bootes.

Die beiden vorderen Geschütze des Zerstörers mußten Treffer abbekommen haben, denn sie feuerten nicht mehr.

Ein heftiger Knall ertönte, eine Stichflamme zuckte unter der Brücke hoch, auf der Köster und seine Männer standen. Splitter zischten durch die Luft.

Verwundete schrien. Der Ausguck in der Backbordnock brach zusammen.

Doch die Geschütze und Fla-Waffen hämmerten weiter.

„Er dreht ab!" schrie Leutnant Rönne durch den fürchterlichen Lärm.

Sie beobachteten, wie der Zerstörer und auch die kleineren Schatten mit Höchstfahrt davonliefen.

Das Brückentelefon quarrte: „3,7 cm durch Treffer ausgefallen, Herr Oberleutnant. Geschützbedienung leicht verletzt."

„Halt!" rief Oberleutnant Köster. „Batterie, halt!"

Die Waffen des U-Boot-Jägers schwiegen; ebenso auf den anderen Schiffen des deutschen Geleitzuges.

Köster, Rönne und die übrigen blickten in die Runde. Der ganze Spuk war wie vom Wasser verschluckt, die See wie leergefegt.

Oberleutnant Köster befahl seinem Funker, eine Meldung über den Zwischenfall an die 2. Sicherungsdivision der Kriegsmarine in Dieppe abzusetzen.

Antwort aus dem Funkraum: „Unmöglich! Antenne durch Treffer ausgefallen!"

„Signalgast!"

„Herr Oberleutnant?"

„Blinkspruch an Rotten-Kamerad! Frage: Können Sie Funkspruch absetzen?"

Die Blinklampe klapperte. Lichtstrahlen zuckten im Morserhythmus durch die Nacht.

Postwendend Antwort vom zweiten U-Boot-Jäger: „Nil. Antenne außer Betrieb."

„Dann eben nicht, liebe Tante", meinte der hagere

Kommandant gelassen. „Wir machen Meldung, wenn wir an Land sind."

Er befahl durch Blinkspruch seinen Konvoischiffen, Kurs auf Le Tréport zu nehmen, statt direkt auf Dieppe. Dort sollten die Verwundeten an Land gebracht werden und danach die restlichen Schiffe des Konvois – eines war bei dem Feuergefecht versenkt worden – dicht unterhalb der Küste nach Dieppe weiterlaufen.

Aus diesem Grund wußte man deshalb vorerst an Land nichts Genaues darüber, was sich draußen auf dem Kanal ereignet hatte. Die Flugmeldeposten an der Küste meldeten an die Zentrale im Golf-Hotel zwar Geschützfeuer auf See, die Wachen hörten es ebenfalls, aber was wirklich losgewesen war und was auf den Abschnitt Dieppe zukam, blieb vorläufig unklar.

Nur die Funker kamen der Lösung des Rätsels näher.

„Ein Gewimmel wie in einem Ameisenhaufen im Frühling", sagte Unteroffizier Gödde in der engen Kabine.

Das „Freya"-Gerät arbeitete auf einem Frequenzbereich von 2.4 m bis 125 MHz. Die Peilgenauigkeit Seite betrug plus/minus 0.5 Grad, die Entfernungsgenauigkeit plus/minus 150 m. Da das Gerät in diesem Fall auf einem Kreidefelsen 85 Meter hoch über dem Wasserspiegel stand, war es ohne Schwierigkeiten in der Lage, in Entfernungen von 18 bis 35 Kilometern Schiffsziele auszumachen. Unter günstigsten Einsatzbedingungen konnte sogar eine Höchstweite bis 200 Kilometer erzielt werden. „Freya" arbeitete mit zwei ebenfalls im Raum Dieppe stehenden Geräten vom Typ „Würzburg" zusammen; diese konnten auch die Höhen von Zielen

(z. B. Flugzeugen) orten, wozu „Freya“ nicht in der Lage war.

Die vielen Impulse auf den Bildschirmen beruhigten sich allmählich. Es waren schließlich fünf größere Gruppen vorhanden.

Um 04.30 Uhr gerieten sie in Bewegung und liefen genau auf den Küstenabschnitt Dieppe zu.

„Fünf Kolonnen“, stellte Unteroffizier Gödde fest. „Gesamtformationsbreite etwa 20 Kilometer.“

„Wenn das ein deutscher Geleitzug ist, fresse ich einen Handfeger samt Kehrblech“, meinte Obergefreiter Honsel. Denn inzwischen hatte Leutnant Kohn aufgrund der ersten Meldung seiner Männer im „Freya“-Gerät die 2. Sicherungsdivision der Kriegsmarine in Dieppe angerufen. Diese war für die Identifizierung von Schiffszielen zuständig. Von dort hatte er folgende Antwort bekommen: „Es handelt sich um einen deutschen Geleitzug, der gegen 06.00 Uhr in Dieppe einläuft.“

Leutnant Kohn hatte die drei im „Freya“-Gerät davon unterrichtet und sie zur weiteren Beobachtung aufgefordert.

„Ich bin ganz deiner Meinung“, pflichtete Unteroffizier Sachs, der dritte Mann in der Kabine, Honsel bei.

Gödde starrte eine Weile schweigend auf die Bildschirme. Dann hob er den Kopf und sah seine beiden Kameraden mit ernstem Gesicht an. „Wißt ihr, was das ist?“

„Mach’s nicht so spannend!“

„Das ist meiner Meinung nach das, wovon schon seit Wochen gefaselt wird – die Invasion!“

„Red keinen Scheiß“, stieß Honsel erschrocken aus.

Gödde nahm den Telefonhörer hoch, rief Leutnant

Kohn im Golf-Hotel an, informierte ihn über die neueste Lage auf dem Kanal und hielt auch seine Meinung nicht zurück.

Kurzes Schweigen in der Leitung. Dann Kohn mit eindringlicher Stimme: „Gödde, sind Sie ganz sicher?"

„Jawohl, Herr Leutnant!"

„Denken Sie daran, was es für einen Zirkus gibt, wenn ich Alarm schlage und sich hinterher herausstellt, daß ihr Mist gemacht habt."

„Herr Leutnant, es sind einwandfreie Messungen. Fehlmessungen scheiden aus", erklärte Gödde.

„Na gut, ich werde mich nochmals mit den Heinis von der Marine in Verbindung setzen. Sie hören wieder von mir. Ende."

Der Nachrichtenoffizier rief die 2. Sicherungsdivision nochmals an und meldete dem wachhabenden Offizier, was er gerade von der „Freya"-Station gehört hatte.

„Fünf Kolonnen, sagen Sie?" erwiderte Leutnant Berger. „Das kann nicht sein. Ich habe Ihnen bereits gesagt, daß fünf Schiffe von Boulogne nach Dieppe unterwegs sind. Sie werden von zwei U-Boot-Jägern und einem Minenräumer begleitet. Vielleicht liegen bei Ihnen Fehlmessungen vor."

„Das scheidet aus. Meine Funker haben fünf Marschkolonnen mit sehr vielen Schiffen geortet. Es kann sich also nicht um den aus Boulogne kommenden Geleitzug handeln. Außerdem müßte dieser von Osten erscheinen. Doch die von uns erfaßten Schiffe nähern sich direkt von Norden der französischen Küste."

„Irgendwie liegt da ein Irrtum vor, Herr Kohn!" meinte der Marineoffizier.

„Und wie erklären Sie sich die Schießerei auf dem Kanal?“

„Ganz einfach. Ich vermute, daß ein englisches Schnellboot auf unseren Geleitzug gestoßen ist. Dabei kam es zu der Knallerei.“

„Ich habe Sie gewarnt, Herr Berger. Mehr kann ich nicht tun“, schloß Kohn ab und legte auf.

Einem neben ihm sitzenden Gefreiten befahl er: „Flitzen Sie los und wecken Sie Oberleutnant Weber.“

Minuten später erschien Oberleutnant Weber, Chef der 23. schweren Luftnachrichtenkompanie, in der Flugmeldezentrale. Leutnant Kohn informierte ihn.

Weber rief die „Freya“-Station an und erhielt die Auskunft, daß die Schiffe ohne Kursänderung näher kämen. Nochmalige Rückfrage bei der Marine, die bei ihrer bereits bekannten Meinung blieb.

Danach Anruf bei Oberstleutnant Sartorius, Ia (1. Generalstabsoffizier) der 302. Infanteriedivision, die für die Verteidigung dieses Küstenstreifens zuständig war.

Weber berichtete was anlag.

„Sind Sie sicher, daß es sich nicht um den eigenen Geleitzug handelt?“ erkundigte sich Sartorius.

„Vollkommen. Ich weiß zwar nicht, was hinter dem Ganzen steckt. Aber ich hielt es für meine Pflicht, Sie zu verständigen.“

„Ich danke Ihnen. Ende.“

Oberstleutnant Sartorius befahl: „Erhöhte Aufmerksamkeit!“

Daraufhin trat der bereits vorliegende Divisionsbefehl 105 für den Küstenschutz mit besonderen Maßnahmen in Kraft für: Einsatz der Offiziere bei Infanterie und Artillerie, verstärkte Alarmbedienung der Geschütze, Nachprüfen der Einsatzfähigkeit der Scheinwerfer und Flammenwerfer, der Gängigkeit der schweren Waffen und des Mannschaftsbestandes laut Kampflisten, Schließen der Verkehrslücken in den bereits vorhandenen Hindernissen, Funkbereitschaft, stündliche Fernsprechleitungsproben, Anstauen von Wasserflächen (Flüsse) auf Höchststand, Bereithalten von Meldeorganen aller Art, Fahrbereitmachen aller Kraftfahrzeuge für behelfsmäßige Motorisierung, Bereithalten von Spähtrupps, Besetzen der Geschäftszimmer und Gefechtsstände der Stäbe.

Die Gruppenführer wiesen jeden Wachsoldaten auf die Möglichkeit einer feindlichen Landung hin.

Gespannt blickten die Männer auf den Kanal hinaus. Noch war nichts zu sehen; noch war wieder alles ruhig.

Plötzlich erschienen dunkle Striche mit weißen „Schnauzbärten" (Bugwellen) auf See. Feindliche Schnellboote! Vorläufer der alliierten Landungsflotte, die in breiter Front auf die Küste bei Dieppe vordrang. Bis dahin war im Zweiten Weltkrieg noch nie eine derart große alliierte Streitmacht durch den Kanal gefahren.

Dumpf dröhnten die Motoren von anfliegenden Bomberpulks. Jäger und Jabos (Jagdbomber) rasten im Tiefflug über das Wasser. Die Kanonen der Schiffsartillerie eröffneten das Feuer.

Das Unternehmen „Jubilee" („Jubelfeier") begann. Wie war es dazu gekommen?

Am 26. Mai 1942 befand sich der sowjetische Außenminister Molotow in London. Er unterzeichnete einen sowjetrussisch-englischen Vertrag, der für 20 Jahre „volle

Zusammenarbeit“ für beide Vertragspartner sichern sollte. Außerdem erhielt Molotow Zusagen für die baldige Errichtung einer Zweiten Front im Westen, die zur Entlastung der Sowjets dringend notwendig geworden war.

Im Frühjahr 1942 standen Deutschland und Italien (Achsenmächte) auf dem Höhepunkt ihrer Macht. Die deutschen Truppen hatten ein Gebiet besetzt, das von der französischen Atlantikküste bis zum Schwarzen Meer und vom Nordkap ebenfalls bis zum Schwarzen Meer reichte, mit einer Bevölkerung von mehr als 400 Millionen. In Rußland standen deutsche Truppen in der Nähe von Moskau; andere waren bereit, die riesigen Ölfelder am Kaukasus zu besetzen.

Von London flog Molotow nach Washington und verhandelte dort mit dem amerikanischen Präsident Roosevelt. Auch dort trug er seine Warnung vor, daß die Rote Armee dem Ansturm der deutschen Kräfte nicht mehr gewachsen sei, wenn Hitler noch mehr Truppen in den Kampf werfen würde.

Molotow, der alle Verhandlungen im Auftrage Stalins führte, äußerte nochmals folgende Ansicht: Großbritannien und die USA sollten eine zweite Front im Westen aufbauen. Dadurch müßten die Deutschen 40 Divisionen aus Rußland abziehen, was auf dem dortigen Kriegsschauplatz zu einer wesentlichen Entlastung der Roten Armee führen würde.

Präsident Roosevelt erklärte: „Wir erwarten die Bildung einer Zweiten Front noch in diesem Jahr.“

Trotz dieser Versprechungen war man sich aber weder in London noch in Washington darüber im klaren, wie diese Zweite Front gebildet werden sollte. Die Alliierten verfügten nicht über genügend Schiffe, Panzer und Flugzeuge. Außerdem fehlten ihnen strategische Erfahrungen für ein Landeunternehmen gegen die (von Hitler so bezeichnete) „Festung Europa". Trotzdem mußte in dieser Hinsicht etwas unternommen werden.

Im März 1942 griffen britische Kommandotrupps unter dem Oberbefehl von Lord Mountbatten (Chef von „Combined Operations") den nordfranzösischen Hafen St. Nazaire an. Sie zerstörten dabei das große Dock nachhaltig. Es war das einzige an der ganzen Atlantikküste, das große deutsche Kriegsschiffe wie beispielsweise die „Tirpitz" zur Reparatur aufnehmen konnte.

Warum sollte es deshalb nicht möglich sein, einen großangelegten Angriff gegen die französische Küste zu starten und erfolgreich durchzuführen?

Obwohl die Aufgabe ebenso schwierig wie gefährlich war, ging man daran, Pläne für ein größeres Landungsunternehmen auszuarbeiten.

Zuerst stand man vor der Frage: Welcher Hafen, beziehungsweise Küstenabschnitt soll angegriffen werden? Die Wahl fiel schließlich auf Dieppe. Die Verteidigung dieses Hafens würde gleichzeitig ein Beispiel dafür sein, was ein von See kommender Angreifer an irgendwelchen anderen Angriffsplätzen entlang der nordfranzösischen Küste zu erwarten hatte.

Der Diepper Hafen war übrigens für die Versorgung der in Frankreich liegenden deutschen Wehrmachtsteile sehr wichtig. Machte man ihn unbrauchbar, dann war das deutsche Nachschubwesen empfindlich gestört. Ferner gab es in Dieppe wichtige Kommandostellen, Gaswerke,

Kraftwerke, Benzinlager und eine pharmazeutische Fabrik; wichtige Anlagen also, deren Zerstörung sich, militärisch gesehen, lohnte.

Allerdings mußten die Planer mit einem natürlichen Hindernis fertig werden. Die französische Küste zwischen Kap Gris Nez im Norden bis zur Mündung des Flusses Saane, einige Kilometer südwestlich von Dieppe, trägt die Bezeichnung „eiserne Küste". Mit Recht! Sie besteht aus hohen, schwer überwindbaren, stark zerklüfteten, mit tiefen Einschnitten versehenen Klippen, durchbrochen von Flußmündungen. Von diesen ist die des Arques mit fast zwei Kilometer Breite die größte. An ihr liegen der Hafen und die Stadt Dieppe. Unterhalb der felsigen Steilküste befindet sich steiniges Ufer, an dem eine Landung schwierig und gefährlich war.

Zu den natürlichen Hindernissen und Schwierigkeiten kamen die militärischen. Nach dem Überfall auf die deutsche Funkmeßstation bei Bruneval (23. März 1942) durch englische Kommandotrupps rechnete man deutscherseits mit einem größeren Landeunternehmen.

Hitler stellte persönlich fest: „Besonders zu beachten sind die englischen Vorbereitungen für Landeunternehmen an freier Küste, für die zahlreiche gepanzerte Landungsboote, eingerichtet für Kampfwagen und schwere Waffen, zur Verfügung stehen. Auch mit Fallschirm- und Luftlandeunternehmungen in größerem Ausmaß muß gerechnet werden."

Zusätzlich zu dieser Hitlerschen Mahnung machte man die an der Kanalküste liegenden Einheiten immer wieder durch Geheimschreiben auf eine eventuelle Landung der Alliierten aufmerksam. Man legte Bunker und

Feldbefestigungen an. Sehr häufig kam es zu Alarmübungen, die den Landsern schließlich „zum Hals raushingen“.

In diesem Zusammenhang muß folgendes festgestellt werden: Die Führungsstäbe gingen davon aus, daß gerade im Abschnitt Dieppe ein Angriff erfolgen würde. Dementsprechend verliefen die Übungen.

Dieppe selbst war im Winter 1941–1942 zur Festung erklärt worden. Festungskommandant war der Kommandeur des Infanterieregiments 571 unter Oberstleutnant Bartelt. Es unterstand der 302. Infanteriedivision unter Generalleutnant Konrad Haase, dessen Gefechtsstand 20 Kilometer landeinwärts an der Route nationale 320 bei Envermeu lag.

General Haase ließ Alarmübungen in den Buchten von Puys, Dieppe und Pourville durchführen. Die Soldaten legten Stacheldrahthindernisse auf den Mauern an der Küste und den Promenaden an. Sie blockierten sämtliche Zufahrtswege vom Meer in die Stadt mit Panzersperren. Betonklötze lagen bereit, mit denen die Sperren im Ernstfall geschlossen werden konnten.

Weitere militärische Hindernisse für die Angreifer waren die beiden schweren Artilleriebatterien bei Varengeville (südwestlich von Dieppe) und Berneval (nordwestlich der Stadt). Die Varengeviller Batterie gehörte zum Marineküstenschutz. Festungskommandant Bartelt bemühte sich wiederholt, diese Batterie in seinen Befehlsbereich einzubeziehen. Doch die Marine wehrte sich dagegen. Sie wollte ihre Selbständigkeit nicht aufgeben. Das sollte sich später bitter rächen.

Auf jeden Fall aber erkannten die britischen Planer,

daß ein Angriff nur gelingen konnte, wenn die beiden Batterien ausgeschaltet wurden. Deshalb konzentrierten sich Teilvorbereitungen auf diese Aktion.

Der – später von dem alliierten Stabschef genehmigte – erste Angriffsplan sah weiterhin vor, daß die 2. Kanadische Division (Befehlshaber Major General J. H. Roberts) die Hauptlast der riskanten Landung tragen sollte.

Die Planer gingen ferner davon aus, daß das Timing bei diesem Angriff wichtiger war als die Überraschung. Schwerpunkte dabei waren die beiden äußeren und die beiden inneren Flankenangriffe, denen 30 Minuten später der Hauptangriff auf Dieppe selbst folgen sollte.

Als Landungsräume von Osten nach Westen waren vorgesehen: Berneval mit Decknamen „Gelb“ und Angriffsgruppe 3. Commando; Puys, „Blau“, Royal Regiment of Canada; Dieppe-Ost, „Rot“, Essex Scottish Regiment; Dieppe-West, „Weiß“, Royal Hamilton Light Infantry; Pourville, „Grün“, South Saskatchewan Regiment und Cameron Highlanders of Canada; Varengeville, „Orange“, 4. Commando.

Als die Angriffsplanung den Einsatz von Panzern vorsah, kam noch das 14. Canadian Army Tank Battailon (Calgary Regiment) von der Panzerbrigade der 1. Kanadischen Armee hinzu. Die Panzer sollten zur Verstärkung der großen Kampfgruppe eingesetzt werden, deren Ziel die Einnahme von Dieppe war.

Danach begannen die einzelnen Truppenteile mit den praktischen Übungen auf der Isle of Wight. Zu diesem Zeitpunkt wußten die Soldaten aber noch nichts über das tatsächliche Angriffsziel.

In einem zweiten, ins Detail gehenden Plan ernannte

man die Kommandeure. Für die Marine: Captain J. Hughes-Hallett. Für das Heer: Major General J. H. Roberts. Für die Luftwaffe: Air Vice Marshal T. Leigh Mallory.

Die detaillierten Pläne für den Einsatz wurden sorgfältig festgelegt. Die Stäbe besorgten sich durch Fotos illustrierte Berichte über die Beschaffenheit der Landeplätze; ferner Unterlagen über die Gezeiten und Gezeitenströmungen an der Küste von Dieppe, außerdem Land- und Stadtkarten von Dieppe und Umgebung mit eingezeichneten deutschen Verteidigungsstellen. Nach den Fotos der Luftaufklärung fertigte man maßstabgetreue Modelle der Küste an. Nicht die geringste Kleinigkeit wurde vergessen, die für den Erfolg des Unternehmens wichtig sein konnte. Man arbeitete ferner detaillierte Anweisungen für jede Angriffsphase aus. Das alles geschah unter strengster Geheimhaltung.

Die Landung sollte an acht verschiedenen Stellen bei oder in der Nähe von Dieppe erfolgen. Auf den äußersten Flanken waren zwei Angriffe vorgesehen: bei Berneval und Belleville östlich des Diepper Hafens. Bei Varengeville und an einer Stelle an der Mündung der Saane westlich davon. Die Commandos 3 und 4 sollten die schwere deutsche Artillerie (Marine) bei Varengeville ausschalten, die dem Landungsgros gefährlich werden konnte.

Neben den Flankenangriffen waren Stoßkeile gegen die Orte Puys im Osten und Pourville im Westen von Dieppe vorgesehen.

Das Royal Regiment of Canada bekam folgende Aufgabe: Landung bei Puys, Eroberung einer landeinwärts liegenden Küstenbatterie und Besetzung des Gebietes östlich von Dieppe. Einsatzplan für das South Saskatchewan Regiment: Besetzung von Pourville und der Steilküste westlich von Dieppe. Dieser Gruppe gehörte ein Radarexperte an, der zusammen mit Infanteristen in die „Freya"-Station eindringen und wichtige Teile ausbauen sollte; mit diesen wollte man später in England das Geheimnis des deutschen Geräts lüften, von dem dort so gut wie nichts bekannt war. Wenn die Saskatchewaner Pourville genommen hatten, dann sollten die Cameron Highlanders of Canada durch den Ort im Flußtal des Scie vorstoßen und den Flugplatz St. Aubin einnehmen.

Zum Hauptstoß gegen Dieppe waren das Essex Scottish Regiment für die östliche Hälfte des langen Strandes und die Royal Hamilton Light Infantry für den westlichen Teil vorgesehen. Landungsunterstützung: Ein kurzer heftiger Feuerschlag der Schiffsartillerie, anschließend Tieffliegerangriffe mit Bomben und Bordkanonen gegen die Hauptstellungen hinter dem Strand von Dieppe in dem Augenblick, wo die Landungsfahrzeuge aufliefen.

Waren die Regimenter gelandet und der Strand freigekämpft, sollten Panzer vom Typ „Churchill" auf Speziallandungsbooten an Land gebracht werden. Ihre Aufgabe: Vormarsch nach Dieppe und Halten der Stadt zusammen mit Infanterie, während zu dieser Zeit synchron verlaufende Kampfaufträge anderer Einheiten durchgeführt wurden. Die Fusiliers Mont Royal und die Fighting French blieben als Eingreifreserve in kleinen schnellen Booten auf See zurück.

Die Besatzung von Dieppe bestand aus den 1500 Mann des Infanterieregiments 571. Dessen III. Bataillon unter Hauptmann Schnösenberg lag auf den Osthöhen von Dieppe. Das II. Bataillon unter Major von Bonin hatte die breiten Strände von Dieppe und Pourville zu verteidigen. Die 6. Kompanie war in Pourville, die 7. Kompanie am Strand von Dieppe eingesetzt. Die 5. Kompanie lag südlich von Dieppe bei dem Gutshof „Zu den vier Winden" in Reserve.

In dem Abschnitt der 7. Kompanie waren noch eingesetzt: ein Flammenwerfer im Molenkopf, ein französischer Beutepanzer mit einer 30-mm-Kanone, eingegraben in der Nähe der Mole. In einem Betonbunker im Kasino war ein tschechisches 75-mm-Schnellfeuergeschütz mit einem aufmontierten MG eingebaut. Der 3. Zug lag an und auf der Westhöhe. In seinem Abschnitt waren zwei leichte französische Feldgeschütze und zwei schwere Granatwerfer eingesetzt. Alle Waffen wirkten auf den Strand von Dieppe.

Die 8. Kompanie lag mit einem Zug auf der Westhöhe zur Unterstützung der 7. Kompanie und mit einem Zug in Pourville zur Unterstützung der 6. Kompanie.

Der Stadtkommandant von Dieppe hatte Major Bergmann, Kommandeur der Flakgruppe Dieppe, und Oberleutnant Weber von der Luftnachrichtenkompanie Infanterieeinheiten unterstellt und mit der Führung von Infanteriestützpunkten beauftragt. Eine Maßnahme, die sich als gut erwies. An Flak waren eine schwere und eine leichte Batterie zur Hafenverteidigung und zum Schutz für die Funkmeßgeräte vorhanden.

An Artillerie war vorhanden: Regimentsstab und die

3. Abteilung mit der 7. und 8. Batterie. Diese waren mit sogenannten Beutegeschützen (10,5-cm-Skodahaubitzen) ausgerüstet, die teilweise schon ausgeleiert waren. Außerdem stand eine bodenständige schwere Batterie von 15-cm-Haubitzen zur Verfügung, die ebenfalls mit erbeuteten Geschützen ausgerüstet war.

Kurz vor dem Angriff kam noch eine Marinekanonenbatterie hinzu, die etwa acht Kilometer westlich von Dieppe in der Nähe von Point d'Ailly auf dem Steilufer an der Küste in Stellung gegangen war, um den Hafen gegen Angriffe von der Seeseite zu schützen.

Die 7. Batterie bezog Anfang August 1942 eine neue Feuerstellung auf dem Golfplatz von Dieppe, auf der Höhe 94 westlich der Stadt. Sie lag etwa halbwegs zwischen Dieppe und Pourville. Die Geschütze waren, gut getarnt, in großen Mulden untergebracht. Die Bedienungen hatten ihre Unterkunft in einem Stall, in dem früher einmal die Schafe untergebracht waren, die den Rasen des Golfplatzes kurz gehalten hatten.

Alle Truppen, die eine Landung der Alliierten abwehren sollten, gehörten der 15. Armee an. Deren Aufgabe war es, die Küste von Ostende bis zur Normandie zu verteidigen. Kommandeur war Generaloberst Kurt Haase (61)*, dessen Hauptquartier sich östlich von Boulogne in Tourcoing befand. Der General war mit dem Kommandeur der 302. Infanteriedivision, Konrad Haase, nicht verwandt.

Am 20. Juli 1942 gab die 15. Armee einen Befehl heraus, der Alarmbereitschaft für drei Zeitabschnitte anord-

* damaliges Alter

nete, in denen Mondstellung und Gezeiten für eine feindliche Landung günstig waren. Und zwar zwischen dem 27. Juli und 3. August, zwischen dem 10. und 19. August und dem 25. August und 1. September.

Generalfeldmarschall Gerd von Rundstedt (66), als Oberbefehlshaber West für die Verteidigung ganz Frankreichs zuständig, besaß eine Liste von den Tagen, an denen Wetter, Wasserstand und Mond für eine Landung besonders geeignet waren. Er hielt die Nacht zum 19. August 1942 für besonders günstig. Niemand ahnte, daß er damit ins Schwarze getroffen hatte.

Am 18. August 1942, an einem warmen, schönen Donnerstag, gingen in England die Truppen an Bord. Das gesamte Kriegsgerät wurde verladen.

Am Nachmittag und abends lief die Landungsflotte aus den Häfen von Portsmouth, Newhaven und Shoreham aus. Insgesamt 237 Schiffe. Sie formierten sich und fuhren in Richtung französische Küste.

Vor ihnen waren 15 Minenräumboote an der Arbeit, die Minen auf den Fahrwegen wegräumten und diese mit kleinen Leuchtbojen markierten.

Die größten Einheiten waren die Infanterielandeschiffe, deren Angriffsboote an den ausgeschwungenen Davits hingen. Dabei waren auch acht 900-Tonnen-Zerstörer der Hunt-Klasse: „Calpe“, „Fernie“, „Brockleyby“, „Garth“, „Bleasdale“, „Berkeley“, „Albrighton“ und das polnische Schiff „Slazak“, alle mit 4-Inch*-Geschützen bestückt. Auf „Calpe“ und „Fernie“ befand sich das Reservehauptquartier der Führung.

* 1 Inch = 2,54 cm

Ferner liefen mit: Das 500-Tonnen-Flußkanonenboot „Locust“, ausgerüstet mit zwei 4-Inch-Kanonen und einer 3,7-Inch-„Howitzer“ (Geschützmarke), die 700-Tonnen-Sloop „Alresford“ mit einer 4-Inch-Kanone, vier kleine Kanonenboote, 16 Motorbarkassen, 12 Motorkanonenboote, 24 Spezialschiffe mit Panzern, sieben französische Boote, 81 Sturmboote und 74 LCPs (Landing Craft Personnel = Infanterielandungsschiffe). Die zuletzt genannten Einheiten waren nicht bewaffnet.

An Bord der Schiffe befanden sich: 298 Offiziere und 4961 Soldaten der kanadischen Armee, 65 Offiziere und 992 andere Dienstgrade des 3. und 4. Commandos sowie des Royal Marine Commandos, 50 US-Ranger unter Captain Roy Murray sowie andere Soldaten und Spezialisten. Insgesamt etwa 6100 Mann.

Unter den zuletzt Genannten befand sich der Radarexperte Jack Nissenthal (24). Er sollte den „Freya“-Auftrag, von dem bereits die Rede war, durchführen. Da Nissenthal sehr viel über das englische Radarwesen wußte, sollten ihn seine Begleiter töten, falls er in deutsche Hände fiel. Man wollte so vermeiden, daß er bei Verhören sein streng geheimes Wissen eventuell preisgab. Nissenthal war zwar darüber informiert worden, machte aber trotzdem als Freiwilliger mit.

Captain Hughes-Hallett hatte die Streitmacht in 13 Gruppen aufgeteilt. Die ersten vier bestanden aus den großen Infanterielandungsschiffen in Begleitung von Motorkanonenbooten, Torpedobooten und Barkassen. In den Gruppen fünf, sechs und sieben fuhren die LCP’s mit den Camerons, dem 3. Commando und den Fusiliers Mont Royal an Bord. Die Gruppen acht bis zwölf bildeten die Spezialschiffe mit den Panzern und deren Bewacher. In der 13. Gruppe marschierten die französischen Boote mit dem Zerstörer „Alresford“ an der Spitze.

Unter den Decks schliefen die Soldaten, aßen Sandwiches, unterhielten sich mit gedämpften Stimmen oder schrieben letzte Briefe an ihre Angehörigen. Doch die meisten von ihnen lagen still mit offenen Augen und waren mit ihren eigenen Gedanken beschäftigt.

Die See war ruhig. Ein leiser Wind wehte aus Westsüdwest. Am Himmel schwebten weiße, vom Mond angestrahlte Wolkenberge. Die Sterne funkelten. Das Stampfen und Hämmern der Motoren war das einzige Geräusch in dieser stillen Nacht.

Die Landungsflotte erreichte kurz nach 03.00 Uhr ein vor der französischen Küste liegendes Minenfeld und blieb gestoppt liegen. Die anderen Schiffe liefen auf die befohlenen Positionen zum Weitermarsch.

Zu dem Zeitpunkt nahmen in England Hunderte von Jagd- und Bomberpiloten samt Besatzungen das Einsatzessen ein. In der vorangegangenen Nacht waren sie über den bevorstehenden Einsatz informiert worden. Danach hatten sie auf die Flugplätze Biggin Hill, Tangmere, Hornchurch, Kenley, Duxford, Debden und andere verlegt, die bei der Luftschlacht um England (Sommer/Herbst 1940) eine bedeutende Rolle gespielt hatten.

45 Minuten vor dem Einsetzen der Morgendämmerung starteten die Jäger von ihren Plätzen und sammelten. Dann gingen sie auf Kurs zur französischen Küste.

Nachdem sich die Landungsflotte formiert hatte, traten die 23 Landungsboote des 3. Commandos, an Bord

460 Mann einschließlich der US-Ranger, unter Commander Wyburd als erste den Weitermarsch durch das Minenfeld an. Die vorausgefahrenen Minenräumer kamen ihnen entgegen.

Dabei kam es zur Berührung mit dem deutschen, aus Boulogne heranfahrenden Geleitzug und dem bereits geschilderten Gefecht. Granattreffer richteten auf beiden Seiten schwere Schäden an. Die Landungsschiffe fuhren kreuz und quer durcheinander. Das Schiff, auf dem sich der Kommandant der Kampfgruppe befand, lief nach Norden ab und kehrte nach England zurück. Nur sieben LCP's setzten den Marsch zum Ziel fort. Dieser Zwischenfall wirkte sich ungünstig auf das gesamte Unternehmen aus, denn dadurch war der Angriff auf die deutschen Geschütze bei Berneval ernsthaft gefährdet.

Trotzdem marschierte die Hauptstreitmacht auf den minenfreien Routen weiter.

In der Vermittlung auf dem Flugplatz Schiphol (Holland) rasselte das Telefon. Der Gefreite am Klappenschrank meldete sich.

„Verbinden Sie mich mit dem Gruppenkommandeur“, verlangte der Adjutant des Geschwaderstabs. Der Gefreite stöpselte die Verbindung und hörte das Gespräch mit, was an und für sich verboten war.

Major Weiß, Kommandeur der III. Gruppe des Kampfgeschwaders 2 (KG 2), die in Schiphol lag, meldete sich.

„Herr Major, Befehl des Kommodore: Alarmstufe I a, Sitzbereitschaft in den Maschinen für alle Besatzungen.

Einsatzbefehl erfolgt über den G-Schreiber (Fernschreiber)."

„Ist das wieder einer von diesen blödsinnigen Probealarmen?" bellte Major Weiß ungehalten durch den Draht, denn er war aus dem tiefsten Schlaf gerissen worden.

„Es sieht nach mehr aus, Herr Major. In ein paar Minuten wird ein Fernschreiben mit Einzelheiten bei Ihnen eintreffen. Geben Sie mir fernmündlich Bescheid, wenn Ihre Gruppe einsatzbereit ist."

„In Ordnung. Ende."

„Danke, Herr Major."

In kurzer Zeit waren die Besatzungen aus den Betten und zogen sich an.

Ein Mann von der G-Schreiber-Bedienung brachte das angekündigte Fernschreiben. Nachdem Major Weiß es gelesen hatte, wußte er, daß der Geschwaderadjutant tatsächlich recht gehabt hatte. Das Ganze sah tatsächlich nach Ernstfall aus.

Alle Staffelkapitäne sowie der Adjutant, der Ia, der Nachrichtenoffizier (NO) und der Technische Offizier (TO) erschienen unverzüglich auf dem Gruppengefechtsstand.

„Meine Herren, englische Schiffe in großer Zahl nähern sich der französischen Küste im Abschnitt Dieppe. Das Ganze sieht nach Bildung einer Zweiten Front aus, von der ja schon wochenlang die Rede war. Die Gruppe hat den Befehl bekommen, die Feindkräfte unverzüglich anzugreifen. Nach dem Angriff landen wir auf dem französischen Flugplatz St. André. – TO?"

Der Technische Offizier meldete sich.

„Alle flugklaren Maschinen mit zwei fünfhunderter Bomben und zwei Särgen* beladen.“

„Haben Sie besondere Anweisungen für die Beladung der Särge?“ erkundigte sich der TO.

„Das Übliche“, erwiderte der Major. „Flimo-Kästen (Werkzeugkisten), Ersatzauspuffe und die Geräte für den Ersten Wart.“

Nach der Einsatzbesprechung fuhren die Besatzungen auf Lkws zu den Liegeplätzen.

Dort hatten die Ersten Warte bereits die Motoren warmlaufen lassen und sich selbst flugfertig gemacht. Sie sollten den gekoppelten Angriffs- und Verlegungsflug als fünfter Mann an Bord und zusätzlicher Bordschütze mitfliegen, um später im neuen Ausweichhafen die Maschinen zu betreuen.

„Alles klar?“ fragte Oberleutnant Renner, Kapitän der 7. Staffel.** Er war Führer des gesamten Verbandes.

Innerhalb kurzer Zeit hing die III. Gruppe in der Luft und flog im ständigen Steigflug ab, denn es sollte aus einer Höhe von 4000 Meter angegriffen werden.

Die I. und II. Gruppe des KG 2 flogen ebenfalls zum Angriff in Richtung Landeraum.

Unterwegs gab Oberleutnant Renner durch: „Höher gehen! Wir greifen nicht aus 4000, sondern aus 6000 Meter Höhe an.“

Die BMW-Motoren der Do 217 waren zwar mit Hö-

* Mit „Särgen“ waren sargförmige Kisten gemeint, die in die Bombenschächte eingehängt wurden. Sie dienten zum Transport von allen möglichen Dingen.

** Dieser Staffel gehörte der Verfasser zu einem späteren Zeitpunkt an.

henladern ausgerüstet, aber trotzdem nicht sehr höhenfreudig. Doch den Piloten gelang es, die Maschinen auf die befohlene Höhe zu quälen.

In der Ferne waren Sprengwolken der Flak zu sehen.

Renner gab per Sprechfunk durch: „Zielraum vor uns. Nur erkannte Schiffsziele und Landungsboote angreifen. Nach dem Ausklinken aufs Land zu wegziehen und in den Tiefflug übergehen; denn mit Sicherheit gibt es dort Feindjäger."

In den Facettenaugen der Plexiglaskanzeln tauchten längliche, dunkle Objekte auf. Immer deutlicher wurden die schmalen Schattenrisse der englischen Schiffe auf der weiten Fläche des Ärmelkanals. Da und dort blitzte es. Sprengwölkchen schwebten am immer heller werdenden Himmel, die der Wind zerzauste.

„Angriff hauptsächlich auf Landungsfahrzeuge richten", gab Oberleutnant Renner durch.

Die Maschinen wurden von den Druckwellen der unter ihnen zerplatzenden schweren Granaten geschüttelt. Der Gruppenkeil lockerte sich auf.

„Wir greifen den dicken Pott links voraus an", informierte Renner seine Besatzung. „Der Größe nach zu urteilen ein Truppentransporter."

Renner schob das Steuerhorn mit den lederbehandschuhten Händen nach links. Die Do 217 kippte über die Tragfläche ab. Das war zugleich das Angriffssignal für die übrigen Bomber.

Die Staudruckmesser (Geschwindigkeitsmesser) pendelten über die 700-Km/h-Marke hinweg. Vor, neben und unter den Maschinen blitzten explodierende Sprenggranaten. Die Gruppe flog nun direkt in das vorher zu tief liegende Flakfeuer hinein. Hunderte von Abschußfeuern flammten jetzt auf den Schiffen auf.

Renner blickte auf den Höhenmesser und auf das gelbe Fadenkreuz mit dem zentrisch angebrachten roten Punkt in der Bombenzielvorrichtung. Man brauchte den roten Punkt nur auf den Querfaden und gleichzeitig in das Ziel bringen, dann mußte, theoretisch gesehen, die im Sturz geworfene Bombe treffen.

Der Oberleutnant ließ seine Maschine fast bis auf 900 Meter Flughöhe durchstürzen.

„Achtung! Ich werfe“, rief er und drückte mit dem Daumen auf den Auslöseknopf am Steuerhorn.

Ein Ruck ging durch die Maschine, als die Bomben fielen. Mit aller Kraft zog Renner die Steuersäule zurück, um den Fahrtüberschuß zum Hochziehen der tonnenschweren Maschine auszunützen. Die gewaltige Fliehkraft preßte die Männer in die Sitze.

„Bomben sind gefallen“, meldete der Bordmechaniker, als die Maschine wieder geradeaus flog und auf die Steilküste zuraste.

„Haben Sie Wirkung beobachten können?“ fragte Renner.

„Nein, Herr Oberleutnant, das war nicht möglich“, antwortete der Mann aus der Wanne.

„Jäger an Steuerbord rechts oben“, rief der Bordfunker plötzlich.

Renner drückte die Maschine tiefer herunter und blickte auf die vor ihm liegende Küste, die förmlich auf ihn zugeschossen kam. „Handelt es sich wirklich um Feindjäger?“

„Jawohl, Herr Oberleutnant, ich kann sogar die Ochsenaugen (Kokarden) an den Tragflächen erkennen. Sie fliegen in etwa 500 Meter Höhe."

„Vielleicht haben sie uns noch nicht gesehen", meinte Feldwebel Böse, der neben dem Piloten sitzende Beobachter.

„Funker, geben Sie laufend Meldungen", befahl Renner. „Beobachter und Bordmechaniker besetzen die seitlichen MG. Sofort schießen, wenn sie auf Schußnähe herangekommen sind."

Die „Dornier" raste über die Küste hinweg. Hinter ihr folgten die übrigen der Gruppe, die ebenfalls ihre Bomben geworfen hatten.

„Zwei Feindjäger stoßen auf uns herab, Herr Oberleutnant", rief der Funker plötzlich aufgeregt. „Einer greift von hinten an!"

Renner drückte die Maschine bis auf zehn Meter Flughöhe an den Boden heran und blickte starr nach vorn, um Bodenhindernissen sofort ausweichen zu können und schaltete die Notleistung auf beide Triebwerke. Vielleicht gelang es, St. André zu erreichen und die britischen „Spitfires" in den Aktionsbereich der dortigen Platzflak zu ziehen.

Das MG 131 (13cm) des Funkers ratterte. Pulverdampf wallte träge in der Kabine herum und stach in die Nasen der Männer.

Glühende Leuchtspurschlangen flitzten über ihre Köpfe hinweg. Die „Spitfire" raste seitlich so dicht an der Do 217 vorbei, daß der RAF*-Pilot deutlich zu erkennen war. Er blickte zu ihnen herüber.

* Royal Air Force = brit. Luftwaffe

„Die zweite greift an!“ rief der Bordfunker.

Schwarze Einschußlöcher sprangen an der rechten Tragfläche auf. Die Maschine neigte sich gefährlich zur Seite.

Während über Land „Spitfires“ und „Hurricanes“ die deutschen Bomber angriffen, setzten auf dem Wasser die ersten Fahrzeuge zur Landung an.

Abschnitt Berneval.

Die Motoren brummten monoton. Einsam und allein durchpflügte das Landungsboot 15 (LCP 15) die See in Richtung französische Küste.

„Beeilen Sie sich, Duckee“, sagte Major Peter Young zu Lieutenant Duckee, dem Bootsführer. „Wir müssen gelandet sein, bevor die Jerrys (Deutschen) aufwachen.“

„Wir kommen planmäßig an“, erwiderte der Bootsführer. „Keine Sorge.“

LCP 15 gehörte zum 3. Kommando, das die deutschen 15-cm-Küstenbatterien bei Berneval zerstören sollte. Durch den Zusammenprall auf dem Kanal mit dem deutschen Geleitzug war das Commando völlig versprengt worden. Nur ein paar Boote setzten den Marsch zum Ziel fort. Unter ihnen LCP 15.

„Die Deutschen scheinen tatsächlich noch zu schlafen“, sagte Kommandoführer Peter Young, dessen Gesicht schwärzer als sein Haar und sein Schnauzbart war. „Keine Bewegung an der Küste vor uns. Fertigmachen zur Landung“, rief er den zwei Offizieren und 17 Kommandomännern im Boot zu.

Zu Duckee sagte er: „Warten Sie auf uns am Strand, falls das möglich ist. Aber wenn die Deutschen Ihnen zu viel Feuer unter den Hintern machen, hauen Sie ab. Wir werden dann versuchen, Kontakt mit den Kanadiern in Dieppe zu bekommen."

Lieutenant Duckee nahm den Gashebel zurück. Das Boot tuckerte langsam auf die dunkle Küste zu, bekam Bodenberührung und saß fest.

Die 20 Kommandomänner („Commandos") kletterten über den Bug und gingen etwa sechs Kilometer östlich von Dieppe an Land. Das Ganze sah nach einer Übung aus, denn niemand störte sie dabei. Der schräg verlaufende Strand war etwa 100 Meter lang und 400 Meter tief.

Major Young führte seine Männer an den Fuß der Kreidefelsen und von dort zu einem schmalen Eingang zu einer Schlucht.

Diese war durch Stacheldrahthindernisse versperrt. Youngs Einheit war aber nicht mit Drahtscheren ausgerüstet. Deshalb gab er seinen Commandos durch Zeichen zu verstehen, an der linken Seite der Schlucht nach oben zu klettern.

Die Männer taten das so schnell wie möglich, da das Einhalten des Zeitplans sehr wichtig war.

Als der neue Tag anbrach, hingen sie etwa in der Mitte des Kreidefelsens und warteten darauf, daß jeden Moment die schweren Geschütze das Feuer auf die Hauptstreitmacht bei Dieppe eröffneten.

Sie sahen, daß fünf weitere Landungsboote auf den östlichen Strand zuliefen. In ihnen saßen 96 Commandos und sechs US-Ranger unter der Führung von Captain Wills. Gefechtslärm war zu hören. Deshalb glaubte man bei der Young-Gruppe, daß die Hauptmasse des 3. Commandos gelandet sei. Doch das war ein Irrtum.

„Weiter!“ rief Major Young seinen Männern zu.

Schwitzend und keuchend erreichten sie den oberen Rand der Steilküste und sammelten sich in einem Wald, der an der Straße Dieppe-Berneval lag.

Major Young sah sich die Chaussee näher an und gab dann das Zeichen zum Folgen.

An der ersten Kurve kam es zu einem Zwischenfall. Ein französischer Junge auf einem Fahrrad tauchte auf.

Als er die 20 bewaffneten Männer mit den geschwärzten Gesichtern sah, bekam er offenbar solch einen Schrecken, daß er hinfiel. Zwei französisch sprechende Commandos setzten ihn wieder auf den Sattel und sprachen mit ihm. Der Junge bot sich nun an, die Gruppe zu der deutschen Batterie zu führen, die seiner Meinung nach von etwa 200 Soldaten bewacht wurde.

Major Young nahm das Angebot an und hoffte, in der Nähe der schweren Geschütze auf weitere Einheiten vom 3. Commando zu stoßen.

Unterwegs zerschnitten die Commandos nach Dieppe führende Telefonleitungen und marschierten dann zur Hauptstraße von Berneval weiter. Dort stießen sie auf ein paar Franzosen, die (nach den offiziellen Berichten) „sehr freundlich zu ihnen waren und die genaue Lage der deutschen Batterie erklärten.“

Major Youngs Gruppe zog durch Berneval und stieß am nördlichen Ende des Ortes, in der Nähe einer Kirche, auf ein deutsches MG-Nest, das sofort das Feuer eröffnete.

Die Commandos schossen ebenfalls und zogen sich in den Garten der Kirche zurück.

Zu diesem Zeitpunkt war die Führung der 302. Infanteriedivision von der Landung feindlicher Kräfte bei Berneval bereits benachrichtigt worden. General Konrad Haase und sein Stab nahmen nicht an, daß es dort infolge des schwierigen Geländes zum Einsatz von Panzern kommen würde. Man traf aber sofort Gegenmaßnahmen.

An das I. Bataillon des Infanterieregiments 570 (auf Fahrrädern, Divisionsreserve) erging folgender Befehl: „Bei Assigny sammeln und mit starkem Offiziersspähtrupp gegen Berneval aufklären."

Etwas später entschloß sich die Divisionsführung, alle gegen den Feind bei Berneval einzusetzenden Truppen Major von Blücher zu unterstellen, dem Kommandeur der Panzerjagd- und Aufklärungsabteilung 302. Das waren die Fahrradschwadron 302, die 3. Pionierkompanie 302 (behelfsmäßig motorisiert) und die Panzerjagdkompanie 302, die nach St. Nicolas vorgezogen wurde, aber vorläufig noch Divisionsreserve blieb.

Nach dem kurzen Gefecht führte Major Young seine Commandos durch einen Obstgarten zu einem Kornfeld, von dem aus die schwere Batterie in etwa 200 Meter Entfernung zu sehen war.

Young teilte seine Männer in drei Gruppen ein und gab ihnen den Befehl: „Vorgehen und gleichzeitig ständig feuern. Die Deutschen sollen annehmen, daß wir viel mehr sind, als das in Wirklichkeit der Fall ist."

Damit begann ein außergewöhnliches Gefecht.

Oberleutnant Renner in der angeschossenen Do 217 reagierte sofort. Er legte die Maschine in die Horizontale und zog sie an.

Die „Spitfire“ raste rechts vorbei und flog einen großen Kreis, um wieder in Angriffsposition zu kommen.

„Wenn jetzt kein Wunder geschieht, dann sind wir im Eimer“, meinte der Beobachter.

Das Wunder geschah tatsächlich.

Vier Zerstörer vom Typ Me 110 folgen auf die „Dornier“ zu. Ihre Bugpartien waren mit Haifischrachen bemalt. Sie nahmen Renners Maschine in die Mitte und begleiteten sie landeinwärts.

Den „Spitfires“ mußte dadurch wohl die Lust auf einen weiteren Angriff vergangen sein, denn sie drehten ab und verschwanden.

Die Me 110 blieben noch bis zum Flugplatz St. André bei Oberleutnant Renner, wackelten dann mit den Tragflächen und flogen zurück.

Renner landete und rollte zum Liegeplatz, wo ihn ein Mann vom Bodenpersonal einwinkte. Auch die übrigen Do 217 der III. Gruppe fielen nach und nach ein. Die erste Transport-Ju-52 von Schiphol war bereits eingetroffen.

„Maschinen sofort überprüfen“, befahl der Gruppenkommandeur. „Außer den schweren auch 50-Kilogramm-Bomben zur Bekämpfung von Truppenzielen einhängen. Alle Besatzungen zur Einsatzbesprechung.“

Die Techniker (Mechaniker), die in den Kampfmaschinen und in der ersten Transportmaschine mitgekommen waren, machten sich zusammen mit dem Bodenpersonal des Flugplatzes sofort an die Arbeit.

Im Raum Dieppe ging der Kampf weiter. Die Teiloperation „Cauldron“ (Kessel) lief an.

Abschnitt Varengeville.

Die Gesichter der Männer vom 4. Commando waren schwarz und indianerrot, die der Scharfschützen blattgrün gefärbt. Auf den Köpfen trugen sie flache Stahlhelme und nicht die an und für sich bei solchen Unternehmen üblichen Wollmützen. Sie standen in Landungsbooten, die hinter dem Motorkanonenboot (Motor Gun Boat) 312 langsam auf die Küste zuliefen.

Ihr Kampfauftrag lautete: Ausschalten der schweren Küstenbatterie bei Varengeville.

Zwei „Spitfires" brausten über die kleine Landungsflotte hinweg, als sie sich in zwei Gruppen teilte.

70 Mann in drei Booten unter der Führung von Major Mills-Roberts liefen direkt auf die Küste zu. Sie sollten bei dem Dorf Vasterival landen und die deutsche Batterie frontal mit Infanteriewaffen und einem Granatwerfer angreifen.

Die übrigen 180 Mann unter Lieutenant Colonel Lord Lovat wichen in ihren Booten nach Steuerbord aus. Ihre Aufgabe war es, in der Nähe von Quiberville zu landen und die Batterie von hinten anzugreifen.

„Fertigmachen zum Aussteigen", gab Major Mills-Roberts an seine Männer durch. Alle starrten gespannt nach vorn. Was würde in den nächsten Minuten auf sie zukommen? fragten sie sich. Würden sie ihre Aufgabe überhaupt durchführen können? Denn sie wußten folgendes: Der Landeplatz war etwa 70 Meter lang und 60 Meter breit. Von dort aus führte nur ein schmaler, etwa drei Meter breiter Pfad auf die Höhe der steilen Klippen.

Die Landungsboote ratschten über das steinige Ufer und lagen fest. Die Rampen klatschten ins Wasser.

„Los, raus!“ rief Major Mills-Roberts und rannte geduckt ans Ufer. Seine Männer folgten ihm.

Jeder von ihnen hatte mit deutschem Abwehrfeuer gerechnet, doch es blieb aus.

Sie rannten über die freie Fläche, damit sie nicht vom Rand der Steilküste gesehen wurden.

Major Mills-Roberts führte sie im Schutz der steilen Felsen zu dem schmalen Pfad, über den sie sich nach oben vorarbeiten sollten. Das dumpfe Donnern von Flakbatterien, die weiter landeinwärts standen, begleitete sie.

Sie stellten plötzlich fest, daß der Aufstieg mit Stacheldrahtverhau abgesichert war.

„Bangalore-Torpedo* einsetzen!“ befahl Mills-Roberts.

Dumpf dröhnte die Detonation. Der Stacheldraht flog auseinander. Der Major führte seine Männer durch die Lücke nach oben. Dort tauchten sie inmitten grauweißer Villen auf, huschten an ihnen vorbei und erreichten einen Wald.

Abschüsse knallten, grelle Mündungsblitze erhellten die Nacht. Die deutsche Batterie feuerte auf See hinaus.

Mills-Roberts und seine Männer arbeiteten sich bis dicht an die deutschen Stellungen vor.

„Runter!“ zischte Mills-Roberts, als sie etwa 100 Meter vor der Batterie standen. Sie warfen sich zu Boden, robbten auseinander und bezogen ihre plangemäßen Positionen.

Major Mills-Roberts und die Scharfschützen ver-

* Spezialsprenggerät für Drahthindernisse

schwanden in einer Scheune; von dort konnten sie alle sechs Geschütze gut einsehen. Deutsche Worte und Kommandos drangen zu ihnen herüber.

Dort hatte noch niemand etwas davon bemerkt, welche Gefahr im Anzug war. Die Soldaten auf dem Flakturm waren genauso ahnungslos wie die auf dem Beobachtungsturm, an den Geschützen und in den MG-Ständen, die rings um die Batterie hinter Stacheldrahthindernissen und aufgestapelten Sandsäcken lagen.

Mills-Roberts setzte das Fernglas ab und befahl einem Mann mit grünem Gesicht und Händen: „Abknallen!" Er deutete mit der rechten Hand auf einen deutschen Wachtposten.

Der Scharfschütze visierte kurz an und drückte ab. Mit einem Schrei brach der Deutsche zusammen.

Das war das Signal für die übrigen Commandomänner, die nun das Feuer mit ihren Infanteriewaffen eröffneten.

Auf dem Flakturm sprangen zwei Gefreite an das MG und feuerten zurück. Ihre Geschoßketten wanderten am Waldrand entlang.

Der Major lief aus der Scheune zum Granatwerfer, neben dem Private (Gefreiter) Dale und Horn lagen.

„Feuer frei!" rief er ihnen zu.

Dale und Horn gingen in die Hocke. Die erste Werfergranate fiel in das Rohr. Mit einem dumpfen Knall sauste sie wieder daraus hervor und flitzte über die Büsche. Die zweite folgte sofort, und dann die dritte.

Krachende Detonationen auf der Gegenseite. Geschrei ertönte. Ein fürchterlicher Knall. Eine mächtige Feuersäule schoß hoch. Fetzen wirbelten durch die Gegend, schlugen in den Wald und die Gebüsche ein. Die dritte Werfergranate hatte einen Munitionsstapel an einem Geschütz getroffen.

Die Deutschen feuerten mit Karabinern, Maschinenpistolen und MG zurück.

Immer wieder knallten die Spezialgewehre der kanadischen Scharfschützen aus der Scheune. Bei der Batterie gab es Verwundete und Tote.

Im Prinzip war dies und das kommende Desaster bei den Geschützstellungen von Varengeville auf die Leichtfertigkeit, den Leichtsinn und eine gewisse Arroganz der Marineführung zurückzuführen. Wie bereits angedeutet, hatte sich der Kommandant von Dieppe (ein Infanterieoffizier) immer wieder bemüht, diese Batterie unter seine Befehlsgewalt zu bekommen, um sie dann mit den ihm zur Verfügung stehenden Mitteln und Kräften zu schützen. Doch die Batterieführung lehnte das strikt ab. Sie wollte einfach nicht der Infanterie unterstehen.

Um die Gefährlichkeit dieses Zustandes zu beweisen, ließ der Stadtkommandant Mitte Mai 1942 eine Art Kommando-Unternehmen im englischen Stil mit Infanteristen unter Hauptmann Hinz durchführen. Dabei ergab es sich, daß die Stellungen ohne große Schwierigkeiten im Handstreich zu nehmen waren. Aber auch das stimmte die Marineführung nicht um. Jetzt mußten viele Artilleristen diesen Führungsfehler mit ihrem Blut und ihrem Leben bezahlen.

Die Batterie verstärkte das Abwehrfeuer. Granatwerfer ploppten. MG ratterten. Die Schützen beharkten den Wald und die Scheune, in der die Scharfschützen lagen.

Mills-Roberts und seine Männer kamen nicht weiter.

Sie warteten deshalb auf weiße Leuchtkugeln. Das Signal dafür, daß die Kampfgruppe unter Lord Lovat von hinten angriff – falls sie überhaupt dazu kam . . .

Abschnitt Puys:

„Boote herunterlassen!" hieß es um 03.00 Uhr nachts auf den beiden großen Infanterielandungsschiffen „Princess Astrid" und „Queen Emma".

Die Rollen an den ausgeschwungenen Davits quietschten, die dicken Haltetaue surrten, als ein Boot nach dem anderen, jedes voll besetzt mit kanadischen Sturmsoldaten, nach unten schwebte und aufsetzte.

Navy-Soldaten* lösten die Taue. Motoren sprangen an. Die Bootsführer steuerten ihre Fahrzeuge auf einen großen blauen Punkt zu, der vor ihnen schimmerte.

Dort lag das Motor Gun Boat 316, das Lieutenant Commander Goulding befehligte. Hinter ihm formierten sich die Landungsboote zu Kolonnen.

Goulding beobachtete die Bewegungen durch ein Fernglas.

„Abmarsch!" befahl er, als alle auf ihren planmäßigen Positionen standen.

Das MGB 316 lief mit laut brummenden Motoren ab. Hinter ihm folgten Landungsboote, die Goulding zum Abschnitt Puys (auch „Puits" geschrieben) lotsen sollte. Im alliierten Plan war er mit „Blau" bezeichnet; deshalb auch die blaue Lampe am Heck des MGB, dem 554 Kanadier aus Toronto und Umgebung in ihren Booten folgten. Sie gehörten zum Royal Regiment of Canada.

* Navy = Marine

Die „Royals“ wie sie kurz genannt wurden, sollten im Schutz der Dunkelheit landen. Bis zum Hellwerden standen ihnen 25 Minuten für folgende Aktionen zur Verfügung: Landung, Ausbooten und Vorstoß vom Strand bis auf die Höhen der Steilküste.

Sie wußten aber nicht, daß an ihrem Abschnitt höchster Alarmzustand herrschte. Alle deutschen MG-, Flak- und Granatwerferstellungen waren besetzt. Gewehr- und Maschinenpistolenschützen lagen in Gräben und Erdlöchern und starrten in die Dunkelheit.

Beim Hafen von Dieppe flammten plötzlich Scheinwerfer auf, deren Lichtbahnen das Wasser abtasteten und wieder erloschen.

„Sie kommen“, rief Obergefreiter Neise, der mit den Gefreiten Wagner und Klever in einer betonierten Stellung an der Bucht von Puys hinter einem MG stand.

Alle drei trugen Luftwaffenuniformen und gehörten der Funkmeßkompanie an. Sie waren, wie alle übrigen, aufgrund der Ortungen und anderer Beobachtungen über das Vorhandensein fremder Schiffe auf dem Kanal informiert worden.

Die drei Männer in der Klippenstellung hörten leises Brummen auf dem Wasser, das langsam näher kam.

„Das könnten Bootsmotoren sein“, meinte Obergefreiter Neise.

„Vielleicht eigene Schnellboote“, wandte der kleine Wagner ein; denn allen war bekannt, daß auch ein deutscher Geleitzug im Kanal unterwegs war.

„Möglich. Warten wir ab . . .“

Von der gegenüberliegenden Seite der Bucht stiegen weiße Leuchtkugeln hoch. Sie hingen an Fallschirmen, schwebten langsam herab und rissen die ganze Szenerie aus der Dunkelheit: den schmalen, etwa 200 Meter langen Strand, der bei normalem Wasserstand etwa 75 und bei Ebbe 300 Meter breit war. Er führte an überhängenden Steilfelsen entlang; mitten drin ein tiefes Tal und die etwa drei Meter hohe und 100 Meter lange Bruchsteinmauer direkt hinter dem Strand, in der es nur zwei Treppen gab. Eine in der Mitte, die andere am südwestlichen Ende. Ferner zwei Ausgänge von der Küste bis zu den Höhen; ein Pfad im Nordosten und ein breiter Weg, der in Serpentinen zu dem Ort Puys führte.

An den Hängen standen weiß gestrichene Villen, von denen aus man auf den Strand und die Küstenmauer herabblicken konnte. Darauf waren Stacheldrahtrollen angebracht. Davon wußten die Angreifer nichts, denn sie waren nicht auf den Fotos zu sehen, die Luftaufklärer der RAF vor dem Unternehmen „Jubilee“ gemacht hatten. Deshalb waren sie nicht im Angriffsplan berücksichtigt worden. Im Grunde nur eine Kleinigkeit, doch sie hatte böse Folgen.

Infolge von Verzögerungen und Verirrungen waren die Kanadier zu dem Zeitpunkt noch drei Kilometer von der Küste entfernt, an der sie nach dem Einsatzplan bereits hätten landen müssen.

Lieutenant Commander Goulding stieg von seinem MGB 316 in das Führungsboot über, um die erste Welle an den Abschnitt „Blau“ zu lotsen. Darin stand Lieutenant Hewitt, der mit seinen Männern als erster an Land gehen sollte.

Über der Bucht von Puys flackerten wieder weiße Magnesiumlichter auf.

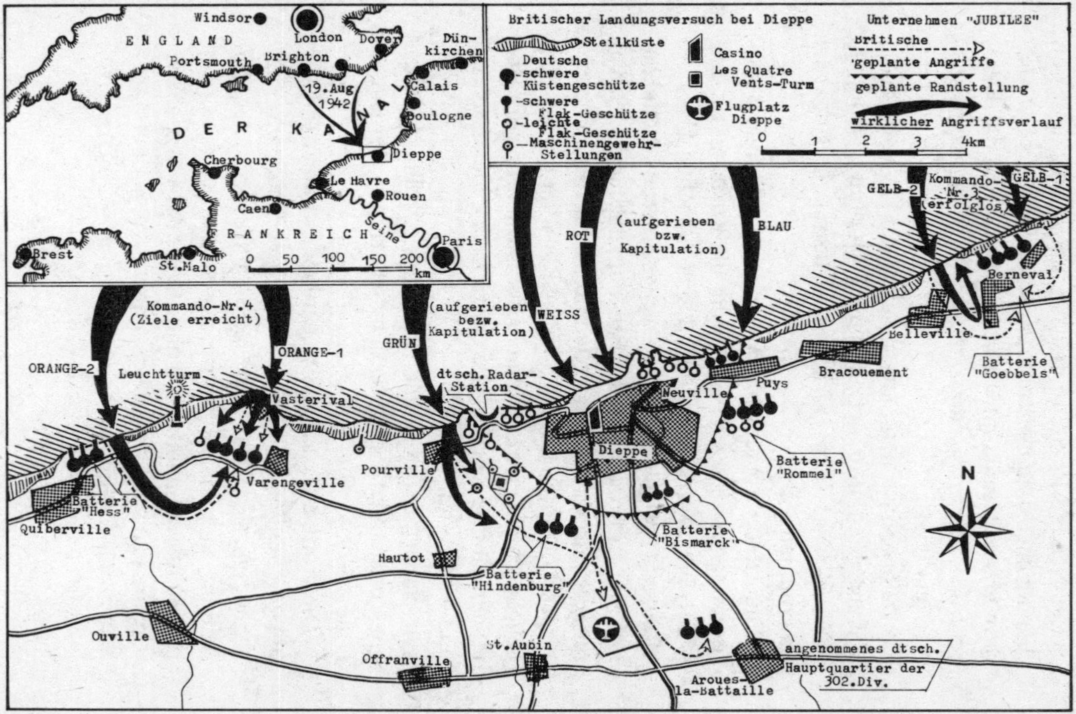
Britischer Landungsversuch bei Dieppe
Unternehmen "JUBILEE"
Steilküste
Deutsche
-schwere Küstengeschütze
-schwere Flak-Geschütze
-leichte Flak-Geschütze
-Maschinengewehr-Stellungen
Casino
Les Quatre Vents-Turm
Flugplatz Dieppe
Britische geplante Angriffe
geplante Randstellung
wirklicher Angriffsverlauf
0 1 2 3 4km
Windsor
London
ENGLAND
Dover
Dünkirchen
Portsmouth
Brighton
19. Aug 1942
Calais
Boulogne
DER KANAL
Dieppe
Cherbourg
Le Havre
Rouen
Caen
FRANKREICH
Seine
Paris
Brest
St. Malo
0 50 100 150 200 km
Kommando-Nr.4 (Ziele erreicht)
ORANGE-2
ORANGE-1
Leuchtturm
Vasterival
GRÜN
(aufgerieben bezw. Kapitulation)
dtsch. Radar-Station
WEISS
ROT
(aufgerieben bzw. Kapitulation)
BLAU
GELB-2
Kommando-Nr.3 (erfolglos)
GELB-1
Berneval
Belleville
Batterie "Goebbels"
Bracouement
Puys
Neuville
Dieppe
Batterie "Rommel"
Batterie "Hess"
Quiberville
Varengeville
Pourville
Batterie "Bismarck"
Hautot
Batterie "Hindenburg"
N
Ouville
St. Aubin
Offranville
Arques-la-Bataille
angenommenes dtsch. Hauptquartier der 302. Div.

Bei Neises MG-Stand erschien ein Melder und rief: „Feindliche Landungsboote dicht vor uns. Bis auf hundert Meter herankommen lassen. Dann erst das Feuer eröffnen." Er lief weiter, um alle Abwehrstände zu alarmieren.

„Da haben wir den Salat", meinte der kleine Wagner.

Neise richtete den Lauf seines MG auf die dunkle Wasserfläche. Gespannt warteten alle auf die Dinge, die da kommen sollten.

Der Motorlärm schwoll an, denn die englischen Bootsführer rasten jetzt mit Vollgas auf die Küste zu.

Ein Feuerwerk von Leuchtkugeln erhellte das weite Halbrund der Bucht. Die am weitesten seewärts stehenden MG eröffneten nun das Feuer auf die dunklen Schatten, die mit weißen Bugwellen herankamen.

Geschoßketten flitzten über die Kanadier hinweg. Kugeln durchschlugen die dünnen Bootswände und drangen in menschliche Körper. Die ersten Verwundeten schrien und wimmerten.

„Schießen Sie doch endlich zurück!" brüllte Lieutenant Commander Goulding dem Schützen an der Bugkanone zu.

Die Waffe ratterte los. Die Gunner (Schützen) auf den übrigen Landungsfahrzeugen feuerten ebenfalls.

„Da sind sie, Willi!" rief Gefreiter Wagner in der MG-Stellung am Hang. Es war inzwischen heller geworden. Die Boote waren jetzt auch ohne Leuchtkugeln zu sehen.

Neise jagte den ersten Feuerstoß aus dem Lauf. Innerhalb weniger Minuten verwandelte sich die Bucht von Puys in einen tobenden Hexenkessel.

Abschnitt Pourville.

„Fertigmachen zum Aussteigen!“ rief Lieutenant Lucas Phillips.

Die Männer seiner Kampfgruppe drängten sich zur Rampe am Bug des großen Landungsschiffes.

Rechts, links und weiter hinten brausten die übrigen Fahrzeuge mit höchster Geschwindigkeit und schäumenden Bugwellen auf den Abschnitt „Grün“ (Pourville) zu.

„Noch wenige Minuten, dann ist es soweit“, rief der Bootsmaat am Heck, der das Fahrzeug führte.

„Ruhig Blut, Männer“, ermahnte Sergeant David Wheeler seinen Zug. „Die Deutschen kochen auch nur mit Wasser.“ Er sah in die geschwärzten Gesichter seiner Funker, des Corporals Richard Bowman und von Private George Kelly, die neben ihm standen.

Zwei Leute von der Navy schlugen die Sperrbolzen heraus. Die Rampe quietschte, als sie an den Drahtkabeln heruntergelassen wurde. Der Motor heulte auf. Die Schraube trieb das Fahrzeug schräg am kiesigen Ufer hoch. Die Rampe klatschte ganz herunter. Wasser spritzte auf die Soldaten.

„Mir nach!“ rief Lieutenant Phillips und hetzte über die Rampe. Seine Soldaten stürmten hinter ihm her.

Sie rannten die steil ansteigende Bucht hinauf und gingen hinter der Küstenmauer in Deckung. Hinter ihnen setzten sich die ersten Landungsfahrzeuge im Rückwärtslauf ab.

Links von ihnen stieß gerade ein anderes Fahrzeug auf das Ufer. Als die breite Rampe am Bug herunterfiel, ratterte ein deutsches MG. Geschosse prallten von den Steinen ab und wimmerten als Querschläger durch die

Luft. Verwundete und tote kanadische Soldaten blieben liegen. Die Überlebenden rannten weiter.

„Los, Beeilung, Männer!“ trieb Sergeant Wheeler seinen Zug an. „Drahtscheren raus!“

Private Honey kletterte auf Private Groses Schulter, zerschnitt den Stacheldraht und kroch durch das Loch.

Die anderen folgten ihm, rannten hinter ein Haus, um sich zu orientieren.

„Los, weiter!“ drängte Sergeant Wheeler, denn seine Kampfgruppe hatte eine ganz spezielle Aufgabe: Besetzung der deutschen „Freya“-Station. Ausbau von wichtigen Teilen durch den englischen Experten, der sich bei Wheelers Zug befand.

Der Sergeant blickte auf die Armbanduhr und stieß den rechten Arm mehrmals in die Luft. Die Gruppe ging geduckt weiter. Sie kam nur ein paar Meter weit, dann war es mit der Ruhe in Pourville vorbei.

Deutsche Karabiner knallten, MG ratterten und Handgranaten detonierten. Fünf grüne Leuchtkugeln stiegen hoch. Das vereinbarte Signal, mit dem die Infanterie Sperrfeuer anforderte.

„Eine Welle Sperrfeuer auf Abschnitt Pourville!“ rief Hauptmann Ritzel in den Hörer des Feldfernsprechers, über den er direkt mit seiner Batterie verbunden war. Er stand mit zwei VB (Vorgeschobene Beobachter) in der B-Stelle in der Nähe des Golf-Hotels auf einem hohen Kreidefelsen.

Kurz nach dem Befehl donnerten die Skoda-Haubitzen. Ritzel und seine VB blickten nach links. Sie hörten, wie die Granaten auf See einschlugen. Eine Wirkung war nicht zu erkennen.

Auch in Dieppe stiegen sieben grüne Leuchtkugeln in den blaßgrauen Augusthimmel. Die gesamte deutsche Küstenartillerie in den Buchten von Varengeville, Dieppe und Pourville eröffneten das Feuer.

Fast pausenlos zuckten Mündungsblitze auf beiden Seiten der Bucht von Pourville. Leuchtspurbahnen flimmerten durch die Luft. Die Anhöhen schienen in Flammen zu stehen. Jede deutsche Stellung beherrschte mit ihrem Beschuß einen bestimmten Sektor in der Bucht. –

Wheeler wußte, daß der Weg zur „Freya"-Station über eine Brücke führte.

Als das Abwehrfeuer für einen Augenblick nachließ, rief Wheeler. „Los!"

Sie rannten über die Straße. Eine Granate heulte heran.

„Deckung!" schrie Wheeler.

Sie warfen sich flach auf die Erde.

Das Heulen verwandelte sich in grelles Kreischen . . .

Abschnitt Dieppe:

Acht Kilometer lang und 3,2 Kilometer breit war der aus Landungsfahrzeugen aller Arten bestehende Keil, der auf das Hauptziel Dieppe zulief.

Granaten orgelten über die Köpfe der etwa 2000 Kanadier vom Essex Scottish Regiment und der Royal Hamilton Light Infantry hinweg.

Sie kamen aus den schweren Geschützen der auf See liegenden Zerstörer „Garth", „Bleasdale", „Berkeley" und „Albrighton", die mit ihren Breitseiten die Gebäude an der Promenade von Dieppe beschossen.

Gleichzeitig rasten RAF-Flugzeuge über die östliche Steilküste und nebelten sie ein, griffen deutsche MG-Stellungen mit Bordwaffen an und bombardierten die Seefront.

Die ersten deutschen Granaten schlugen zwischen den herankommenden Landungsfahrzeugen ein. Wassersäulen sprangen hoch und stürzten auf die Kanadier in den Booten herab. Durch Splitter und in der Luft detonierende Werfergranaten traten die ersten Ausfälle ein.

In den Landungsfahrzeugen befindliche Granatwerfer jagten Nebelgranaten an den Strand.

Innerhalb von drei Minuten liefen die Boote der ersten Welle auf. In Dieppe-Ost (Abschnitt „Rot") stürmten die Soldaten des Essex Scottish Regiments (kurz „Essex Scottish" genannt) und in Dieppe-West (Abschnitt „Weiß") die der Royal Hamilton Light Infantry (kurz „Hamiltons" genannt) über die Rampen.

Im heftigen deutschen Abwehrfeuer brachen viele zusammen und blieben liegen. Die Schreie der Verwundeten übertönten den fürchterlichen Gefechtslärm.

Lieutenant Colonel Labatt, Führer der „Hamiltons" sprang aus dem Boot, rannte zusammen mit seinen beiden Funkern über den kiesigen Strand und warf sich links vom Diepper Kasino auf den Boden. Er beobachtete das Vorgehen seiner Kompanien, die das große weiße Gebäude mit dem kantigen Turm erobern sollten.

Rechts von ihm befand sich eine Kompanie unter Major Bowery, die sofort in große Schwierigkeiten geriet. Die deutsche Abwehr schoß ihre Landungsfahrzeuge zusammen. Die Besatzungen wurden zum größten Teil getötet. Fahrzeuge sanken oder trieben mit den Breitseiten ans Ufer.

Captain Tony Hill rannte mit seinen Männern auf ein deutsches MG-Nest vor dem Kasino zu. Sie sprengten den Stacheldrahtverhau mit Bangalore-Torpedos in die Luft und krochen durch die Lücke. Private Greaves arbeitete sich unter dem Feuerschutz seiner Kameraden an den betonierten MG-Stand heran und setzte ihn mit einem Bangalore außer Gefecht.

Aus allen Fenstern des Kasinos feuerten MG, MPi und Gewehre.

„Vernichtungsfeuer Strand Dieppe!“ befahl Hauptmann Ritzel seiner am Golfplatz stehenden Batterie.

Granaten krachten auf die Boote, ins Wasser und auf Land. Innerhalb weniger Minuten lagen über 200 Kanadier tot oder verwundet am Strand.

Die Überlebenden drückten sich dicht an die Küstenmauer und warteten auf die Panzer, um unter ihrem Feuerschutz weiterzukommen.

Die ersten drei Tank Landing Crafts (Tanklandungsschiffe, abgekürzt TLC) liefen auf die Küste zu, kamen dabei aus dem auf See liegenden künstlichen Nebel heraus und wurden sofort unter Feuer genommen. Alle drei landeten aber trotzdem ihre Panzer. Doch ein TLC wurde versenkt und das andere blieb schwer beschädigt an Land liegen.

Die Panzer vom Typ „Churchill“ feuerten auf die Gebäude und Stellungen. Der Typ kam bei diesem Landeunternehmen zum erstenmal zum Einsatz. Sie waren abgedichtet, mit hochgezogenen Ansaug- und Auspuffrohren versehen und in der Lage, durch etwa 2,10 Meter tiefes Wasser zu fahren. Sie wollten auf die Küstenmauer vorrollen, um von dort in die Stadt einzudringen.

Doch sofort konzentrierte sich das deutsche Abwehrfeuer, vor allem das der schweren Artillerie, auf sie. Zwei Panzer flogen mit donnerndem Getöse in die Luft.

Lieutenant Arthur Cheney, Kommandant von TLC 126, war der Führer der zweiten, ebenfalls aus drei TLCs bestehenden Welle. Er berichtete: „Wir hatten drei ‚Churchill'-Panzer, 100 Kanadier und Sprengstoffbehälter (Bangalore-Torpedos) an Bord. Etwa 300 Meter vor dem Strand schlug eine Granate vor unserer Brücke ein, wo 200 Munitionskisten standen. Feuer brach aus. Von nun an wurden wir ständig von den östlichen und westlichen Klippen beschossen. Mehrere Geschosse durchschlugen die Panzerplatten, mit denen die Brücke umgeben war. Ich wurde durch einen Granatsplitter an der Wade verwundet. Unser MG an Steuerbord feuerte zurück.

Kurz darauf liefen wir am White Beach (Abschnitt ‚Weiß') auf und landeten die Panzer. Innerhalb weniger Minuten waren alle drei vernichtet.

Unser Schiff erhielt Treffer in der Wasserlinie. Mein erster Leutnant fiel, und ich bekam einen Granatsplitter in den Rücken.

Die Maschinen liefen rückwärts, und wir kamen frei. Als wir vom Strand abliefen, sah ich, daß die Sprengstoffkörper noch an Bord waren. Da diese für den Erfolg der anderen Panzer sehr wichtig waren, gab ich Befehl, den Strand nochmals anzulaufen. Doch niemand war bereit, die Sprengstoffkörper auszuladen. Alle lagen flach in der

Wanne, in der vorher der Panzer gestanden hatte. Von allen Seiten prasselte das feindliche Feuer auf uns. Es wäre in der Tat glatter Selbstmord gewesen, wenn jemand den Strand betreten hätte.

Wir liefen deshalb wieder ab. Doch unser Schiff war so schwer beschädigt, daß es sank. Glücklicherweise waren wir aber bereits so weit draußen auf See, daß uns eine Motorbarkasse an Bord nehmen konnte. Sie brachte uns an Bord des Zerstörers ‚Berkeley'."

Erst jetzt stellte Lieutenant Cheney fest, daß sich die Geheimunterlagen noch an Bord des sinkenden TLC befanden. Mit einem Motorboot fuhr er deshalb zurück. Es gelang ihm, die geheimen Unterlagen aus dem Safe herauszuholen. Danach kehrte er an Bord eines anderen Zerstörers zurück, da die „Berkeley" inzwischen von einem eigenen Schiff versenkt worden war. Der Zerstörer war vollgestopft mit Verwundeten, Toten und Sterbenden.

Doch trotz aller Schwierigkeiten rollten schließlich 28 „Churchills" an Land herum. Die Besatzungen waren entschlossen, ihren Kampfauftrag zu erfüllen und in die Stadt einzudringen.

Die am Strand festliegenden Kanadier setzten sich so weit wie eben möglich von den „Churchills" ab, um nicht in das höllische MG-, Werfer- und Geschützfeuer zu geraten, das auf die stählernen Kolosse herabprasselte.

Die „Hamiltons" zerschnitten den Stacheldraht auf der Küstenmauer oder zersprengten ihn mit Bangalore-Torpedos. Die ersten kletterten an der Mauer hoch. Auf dem grünen Rasen zwischen ihr und dem Strandrand lag die deutsche Strandkompanie in einem Graben.

Lieutenant Whitaker stürmte mit 20 Mann auf die Feindstellung zu, wobei alle mit Maschinenpistolen aus der Hüfte schossen. Es gelang ihnen, in den schmalen Graben einzudringen und ihn aufzurollen. Er war schließlich angefüllt mit verwundeten und toten deutschen Soldaten.

„Weiter!“ schrie Denny Whitaker und rannte auf das Kasino zu. Nur noch zehn Mann folgten ihm. Sie erreichten die Veranda, zerschlugen die Türen und drangen in das Innere ein. Zusammen mit anderen vorgestoßenen „Hamiltons“ begannen sie damit, daß Kasino zu durchsuchen.

Doch das gelang nicht ganz. Nach und nach drangen etwa 100 „Hamiltons“ in das Gebäude ein. Sie eroberten zwar das Erdgeschoß und die erste Etage, aber aus dem zweiten Stockwerk und vom Dach feuerten die Deutschen weiter auf den Strand.

Während einzelne Gruppen kanadischer Soldaten versuchten, weiter in die Stadt einzudringen, landeten die nächsten Wellen.

Schließlich waren alle Angriffstruppen an Land, ebenso die Panzer und alle Spezialisten. Doch das alles war unter größten Schwierigkeiten und Verlusten vor sich gegangen: Funkgeräte, Munitionsvorräte und Granatwerfer wurden bereits schon in den Booten auf See vernichtet; was übriggeblieben war, ging am Strand im deutschen Feuer unter.

Die Angriffspioniere fielen sofort nach der Landung. Von einer aus 70 Mann bestehenden Gruppe überlebten nur neun; die übrigen wurden innerhalb weniger Minuten am Strand aus dem Leben gerissen.

Da die Funkgeräte fehlten, waren die einzelnen Kommandeure nicht in der Lage, ihre Kampfgruppen zu führen. Sie mußten Melder einsetzen, die zum größten Teil fielen.

An und für sich sollten die Panzer den auf Dieppe vordringenden Truppen Feuerschutz geben. Doch die „Churchills" konnten nicht vorrollen, da die Pioniere nicht in der Lage waren, die Straßensperren mit ihren 60-Pfund-Sprengladungen in die Luft zu jagen.

Deshalb mußten die Infanteristen ohne Panzerschutz vorgehen.

Es gelang einzelnen Gruppen, in die Stadt einzudringen. Doch auch dort stießen sie überall auf deutschen Widerstand, der schnell organisiert worden war.

Das Unternehmen „Jubilee" stand deshalb auch in der Hauptkampfzone, im Zentrum des Angriffs, auf des Messers Schneide.

Abschnitt Berneval.

„Feuer frei!" rief Major Young seinen Commandos zu, die in einem Kornfeld in der Nähe der deutschen schweren Batterie lagen. MG und MPi ratterten.

Die Artilleristen gingen in Deckung. Sie erkannten, daß ein Gegenangriff durch das Kornfeld glatter Selbstmord gewesen wäre. Doch die Männer wußten sich zu helfen.

Sie kurbelten die Kanonen herum, bis sie nicht mehr auf die See hinaus zeigten, sondern in Richtung auf die Angreifer. Die Rohre glitten langsam von oben nach unten.

Durch das Gewirr der Getreidehalme konnten die

Commandos die dunklen Mündungen sehen. Blitze zuckten heraus. Granaten fegten dicht über die Kanadier hinweg und detonierten hinter ihnen.

Zugleich setzte heftiges MG-, Flak- und Gewehrfeuer ein.

Die Commandos schossen zurück. Doch Major Young erkannte, daß er und seine 20 Männer keine Chancen hatten, die Batterie zu erobern.

Durch das Donnern der deutschen Geschütze kam eine weitere Bedrohung aus den eigenen Reihen auf die Kampfgruppe Young zu.

Die Besatzung des vor dem Oststrand liegenden Motorschiffes 346 hörte das Knallen der schweren Kanonen. Sie glaubte, daß sie auf die Hauptlandungsflotte schießen würden, und feuerte deshalb mit ihrer Schiffsartillerie auf die deutschen Stellungen, die sie nicht sehen konnten. Die Granaten krachten in das Kornfeld, in dem die Commandos lagen.

Das Gefecht dauerte etwa eineinhalb Stunden. Die Munition wurde bei der Youngschen Gruppe immer knapper.

Deshalb befahl Young: „Fertigmachen zum Rückzug!"

Er schickte einen Mann zurück zum Strand. Dieser sollte weiße Leuchtkugeln schießen, wenn dort LCP 15 für den Rückmarsch bereitlag.

Zwanzig Minuten später flammten die weißen Leuchtkugeln auf, und die Kampfgruppe setzte sich ab.

Major Young und Lieutenant Ruxton deckten den Rückzug. Sie feuerten immer wieder auf die deutschen Kanoniere, die den Kanadiern folgten.

Lieutenant Duckee lief mit seinem LCP 15 auf den Strand zu, als er sah, daß die Commandos die Klippen herunterkletterten.

Kaum waren sie an Bord, legte das Fahrzeug ab. In dem Augenblick erschienen Young und Ruxton am Ufer. Sie bliesen ihre Schwimmwesten auf, legten ihre Maschinenpistolen darauf und schwammen auf LCP 15 zu. Damit befolgten sie das oberste Gesetz der Commandos: Waffen müssen unter allen Umständen erhalten werden!

Lieutenant Duckee befahl: „Einnebeln! Abmarsch!"

Das Fahrzeug verschwand in einer künstlichen Nebelwolke, lief von der Küste ab und kehrte über den Kanal nach England zurück. An Bord 20 glückliche Commandos; einige von ihnen waren verwundet, aber alle lebten.

Sie hatten es nicht geschafft, die schwere Batterie bei Berneval auszuschalten, die bereits längst wieder in das Gefecht eingriff.

Ganz anders aber sah es bei den Kanonen von Varengeville aus . . .

Abschnitt Varengeville.

„Nebelgranaten schießen!" befahl Mill-Roberts.

RAF-Tiefflieger rasten heran. Ihre Bordwaffen ratterten. Dadurch sollte der Angriff der Lovat-Gruppe vorbereitet und erleichtert werden, falls sie die Batterie überhaupt rechtzeitig erreichte.

Lovats Commandos landeten plangemäß an der richtigen Stelle. Als sie an Land gingen, stiegen auf deutscher Seite grüne Leuchtkugeln hoch. MG feuerten auf den Strand und die zurückfahrenden Landungsboote.

„Deckung!“ brüllte Lord Lovat.

Die Männer gingen zu Boden und robbten zur Steilküste. Dort stießen sie auf Stacheldrahthindernisse, die sie zerschnitten. Lord Lovat führte seine Gruppe an einem Minenfeld vorbei, das durch Warnschilder in deutscher und französischer Sprache markiert war.

Unterhalb der Klippen gingen sie bis zur Saane vor und an deren Ufer entlang. Schließlich bogen sie nach Osten ab, drangen in den Wald bei Blancmenil-le-Bas ein und standen nun im Rücken der deutschen Batterie.

Zwei Späher erkundeten, daß sich etwa 35 deutsche Soldaten hinter einem Bauernhaus sammelten, um zum Gegenstoß gegen Major Mills-Roberts'Gruppe anzutreten. Lord Lovat ließ die 35 Mann mit Infanteriewaffen niederkämpfen.

Die Angreifer, die sich in einem „B“- und „F“-Trupp aufgliederten, formierten sich nun zum Angriff auf die Batterie.

Dabei stießen Sergeant Stempson, Corporal Frank Koons und ein paar US-Ranger auf ein Haus, das mit Stacheldrahthindernissen umgeben war.

Ein Mann rannte zurück und holte zwei Bangalore-Träger heran. Diese krochen zu den Spanischen Reitern und Stacheldrahtrollen und sprengten sie in die Luft.

„Los, rein in den Kasten“, rief Sergeant Stempson. Er sprang hoch und rannte auf die Lücke zu. In dem Augenblick erschien ein deutscher Soldat im Hauseingang. Stempson streckte ihn mit einem Feuerstoß aus der Maschinenpistole nieder. Sie drangen in das Gebäude ein und begaben sich auf den Dachboden. Von dort schossen sie auf die deutschen Stellungen, die sie gut einsehen konnten.

Corporal Koons, mit großer Wahrscheinlichkeit der erste amerikanische Soldat, der einen Deutschen im Zweiten Weltkrieg tötete, berichtete darüber.

„Wir gingen auf einen kleinen Bauernhof vor, bei dem es einen Garten gab. Dort fand ich als Scharfschütze eine ausgezeichnete Stellung, um aus dem Hinterhalt zu schießen. Es handelte sich um eine Futterkrippe, bei der ich durch einen Schlitz in der Backsteinwand schoß."

Kurz rasten die „Spitfires" der Squadron 129 heran, welche die deutschen Stellungen mit Bordwaffen beschossen. Dabei zerstörten sie auch das Dach des Bauernhauses, in dem sich Sergeant Stempson und seine Männer befanden. Die Männer stürzten auf die Erde und erlitten Prellungen.

Ein Pulk „Hurricanes" flog nochmals einen Luftangriff auf die Batterie. Deutsche FW 190 jagten hinter ihnen her und schossen zwei von ihnen ab.

„Fertigmachen zum Angriff!" rief Lord Lovat, als die Jäger verschwunden waren.

Die Soldaten pflanzten die Bajonette auf die Gewehre.

Lord Lovat, der mit einer Handvoll Soldaten in einem Gebüsch lag, feuerte drei weiße Leuchtkugeln ab, um Major Mills-Roberts auf der anderen Seite zu warnen. Dann blies er das Angriffssignal auf einem Jagdhorn, das über seiner Schulter hing.

Die Commando-Männer sprangen aus ihren Deckungen, stießen Schlachtrufe aus und gingen über die freie

Fläche von etwa 250 Meter Länge vor. Captain Pettiward und Lieutenant MacDonald führten den Angriff an.

Beide fielen . . .

Von deutscher Seite schlug den herankommenden Commandos heftiges Abwehrfeuer entgegen. In Betonständen eingebaute MG erzielten mit langen Feuerstößen eine furchtbare Wirkung. Die nachfolgenden Soldaten mußten vielfach über die Körper der Verwundeten und Toten hinwegsteigen.

Mit dem Rücken auf dem Boden liegend, zerschnitten Pioniere die ersten Drahthindernisse, durch die ihre Kameraden weiterstürmten.

Anstelle der beiden gefallenen Führungsoffiziere übernahm Captain Porteous das Kommando, der bis dahin Verbindungsoffizier zwischen den beiden Kampfgruppen gewesen war. Er war bereits an der Hand verwundet, machte aber trotzdem weiter.

In breiter Front drangen die Angreifer in die Stellungen ein. Es kam zu heftigen Kämpfen von Mann zu Mann. Mit Bajonetten, Messern und Pistolen metzelten die Briten alles nieder. Als letzter starb der Batteriechef. Ein Commando-Mann erstach ihn mit seinem Bajonett.

Das schreckliche Blutbad war innerhalb von zehn Minuten beendet. Von den 112 deutschen Soldaten überlebten nur vier, die als Gefangene mit zurückgenommen wurden. Bei den Angreifern gab es 45 Verwundete und Tote.

„Geschütze zerstören! Alle Gebäude anstecken!“ befahl Lord Lovat, der eine Winchesterbüchse unter den Arm geklemmt hatte.

Als die Flammen loderten, lies Lovat alle Gefallenen

zusammentragen. Man legte sie neben die zerstörten Geschütze. Die Überlebenden standen still und salutierten, während ein paar Commandos die Gefallenen mit dem „Union Jack" (Flagge) bedeckten.

Danach trat die Gruppe den Rückzug zur Küste an, der genauso erfolgreich verlief wie der Angriff.

Um 07.30 Uhr begann die Einschiffung. Wegen der Ebbe mußten die Männer zu den Booten hinauswaten. Einige von ihnen versanken bis zum Hals im Wasser.

Gegen 09.00 Uhr befand sich das 4. Commando bereits auf der Fahrt nach England.

Im britischen Gefechtsbericht heißt es: „Dieser gefährliche Einsatz wurde streng nach dem festgelegten Zeitplan durchgeführt. Dadurch ist er ein Musterbeispiel für zukünftige Unternehmen dieser Art."

Der Angriff auf die Kanonen von Varengeville war zwar ein Erfolg gewesen, aber an den übrigen Abschnitten sah es anders aus.

In dieser Phase des Kampfes kam auch die deutsche Luftwaffe wieder zum Einsatz. Darunter die Bomber der III. Gruppe des KG 2.

Flugplatz St. André.

„Ich will mich kurz fassen", begann Major Weiß die Einsatzbesprechung. Er gab den Besatzungen nähere Einzelheiten bekannt und erklärte zum Schluß: „Wir bekommen diesmal ausreichenden Jagdschutz. Heute morgen wurden die Jagdverbände auf einfliegende feindliche Kampfverbände angesetzt, die vermutlich aus Tarnungs- und Ablenkungsgründen sowie zur Zersplitterung unserer eigenen Abwehr zum Einsatz kamen. Doch jetzt stehen die Jäger uns zur Verfügung. Hat noch jemand eine Frage?“

Da sich niemand meldete, ließ Major Weiß wegtreten. Die Besatzungen empfingen eine Portion Einsatzverpflegung („Studentenfutter“ und Schokakola). Dann begaben sie sich zu den Maschinen, starteten und flogen zu den festgelegten Zielen.

„Junge, Junge, da ist vielleicht was los“, meinte Oberleutnant Renner, der an der Spitze seiner 7. Staffel flog.

Mündungsblitze, Leuchtspurketten, Detonationen und dunkle Sprengwölkchen am Himmel markierten schon von weitem den Abschnitt, an dem die Schlacht tobte.

„Ich bin gespannt, ob unsere Jäger tatsächlich kommen, Herr Oberleutnant“, meinte der Beobachter, denn weit und breit war noch nichts von ihnen zu sehen.

Dafür meldete aber der Bordfunker: „‚Hurricanes‘ und ‚Spitfires‘ über uns Herr Oberleutnant.“

„Greifen sie an?“

„Bis jetzt noch nicht.“

„Weiter beobachten und sofort Meldung an mich, wenn sie näher kommen.“

Von Ostnordost rasten dunkle Punkte heran. „‚Messerschmitt‘ und ‚Focke-Wulf‘“, stellte der Beobachter fest, als sie näher herangekommen waren.

Die deutschen Jagdflieger zogen hoch und stürzten sich auf die Feindjäger. Sie hatten den ausdrücklichen Befehl bekommen, nicht möglichst viele Abschüsse zu erzielen, sondern hauptsächlich die feindlichen Maschinen von den Bomberverbänden abzudrängen, damit diese nicht zu sehr zersplittert wurden.

Die Salven der Abwehrgeschütze peitschten den Do-217-Formationen entgegen. Die Luft verwandelte sich innerhalb weniger Sekunden in einen brodelnden Hexenkessel.

„Da, Herr Oberleutnant", schrie der Beobachter in Renners Maschine.

In der Flugrichtung voraus zerplatzte eine Do 217 wie ein Luftballon. Das brennende Wrack, umgeben von einer Wolke aus dunklen Trümmern und Fetzen, trudelte zur Erde und schlug auf. In der Luft waren keine Fallschirme zu sehen.

Der Himmel war mit schwarzen Sprengwölkchen übersät, als die ersten Bomberketten stürzten.

„Ich greife an", gab Oberleutnant Renner durch, drückte die Steuersäule nach vorn und stürzte auf ein Schiff, das etwa vier Kilometer vor der Küste stand und mit Zwillingsgeschützen feuerte.

Renner löste die Bomben aus und zog seine Maschine so stark herum, daß die Tragflächen flatterten. Die Do 217 raste im Messerflug in einem Kreisbogen herum, während von mehreren Schiffen auf sie geschossen wurde.

Nach Vollendung eines Halbkreises konnten Renner und Feldwebel Böse das angegriffene Schiff wieder erkennen. Es lag mit dem Bug deutlich tiefer als mit dem Heck. Dunkle Rauchschwaden stiegen vom Vorschiff hoch.

„Jetzt nichts wie weg, Herr Oberleutnant", rief Böse.

Renner drückte die Maschine tief herunter, flog nach Westen ab, bog schließlich wieder auf die Küste ein und landete in St. André.

Bei diesem zweiten Angriff auf die alliierten Landungsstreitkräfte verlor die III. Gruppe des KG 2 drei Maschinen. Die übrigen wurden für den dritten Einsatz startklar gemacht.

Von den deutschen Jagdverbänden befand sich auch das Jagdgeschwader 26 („Schlageter") den ganzen Tag über im Einsatz. Von 06.18 bis 21.21 Uhr flog es mit 377 Maschinen 36 Einsätze. Die von der I. Gruppe geschützte Jabo-Staffel des Geschwaders erzielte große Erfolge gegen Schiffsziele.

Nachdem die Jäger den Luftraum freigekämpft hatten, griffen die drei Gruppen in die Erdkämpfe ein und flogen auch Geleitschutz für die Bomberverbände.

Bei sechs eigenen Verlusten wurden 38 sichere und elf wahrscheinliche Abschüsse erzielt; davon 14 sichere Abschüsse von der I. und zehn sichere von der II. Gruppe; 14 weitere Abschüsse gelangen der III. Gruppe und dem Geschwaderstab.

Während des Kampfgeschehens in der Luft nahm die Katastrophe bei Puys ihren Fortgang.

Abschnitt Puys.

Die Landungsboote liefen am Strand auf, und die Rampen fielen. Das deutsche Abwehrfeuer schwoll zu einem wahren Orkan an, der die Kanadier schockierte.

Rechts von ihnen, auf der Steilküste, ratterten pausenlos MG. Der Hang links von ihnen spie ebenfalls Tod und

Verderben aus. Dort befanden sich betonierte Feuerstellungen; eine von ihnen war in einer Villa eingerichtet.

Auch Obergefreiter Neise feuerte nahezu pausenlos. Die beiden Gefreiten sorgten für Munitionsnachschub.

„Ich glaube, die geben auf“, rief Neise während einer Feuerpause, in der der kleine Wagner den heißgeschossenen Lauf auswechselte.

Es sah in der Tat so aus, denn außer den Wellen bewegte sich nichts mehr am Strand.

„Da ist einer!“ schrie Gefreiter Wagner.

Auf der Rampe des direkt unterhalb der MG-Stellung liegenden Fahrzeugs erschien ein Kanadier und sprang in das seichte Wasser. Er kam nur drei Meter weit, dann brach er im Abwehrfeuer zusammen.

Es war Major Scholfield, der älteste Offizier der ersten Welle.

Die Kommandeure der sieben Landungsboote erkannten, daß sie und ihre Männer an Land gehen mußten, wenn sie in den Booten nicht zusammengeschossen werden wollten.

„Raus! Nichts wie raus!“ schrien sie. „Das ist die einzige Chance, um aus dieser Hölle herauszukommen.“

Die Royals rannten über die Rampen und gingen in einer etwa 100 Meter langen Linie gegen die Küstenmauer vor. Und dann brach das Verhängnis über sie herein. Überall lagen Tote oder Verwundete entlang des Strandes. Die Schreie der Sterbenden und Schwerverletzten gellten durch den Gefechtslärm, während die Überlebenden weiter zur Küstenmauer vorkrochen.

In dem Augenblick rasten RAF-Flugzeuge im Tiefflug

heran und nebelten den ganzen Strand ein, um den Landungsbooten den Rückzug zu ermöglichen.

Unter den ersten, die die Küstenmauer erreichten, befand sich Corporal Ellis. „Die Mauer bot uns gute Deckung“, sagte er später. „Doch hin und wieder feuerte ein am Osthang der Bucht stehendes MG auf sie.“

Im Schutz des künstlichen Nebels robbte Ellis bis zu einer Bodenvertiefung an einer Treppe. Er kroch durch ein Stacheldrahthindernis nach oben, wobei er sein Scharfschützengewehr schußbereit in den Händen hielt. Vor einem unbesetzten deutschen MG-Stand blieb er liegen und blickte nach unten.

Dort krochen Captain Sinclair und Gefreiter Hull in die Bodenvertiefung und blieben dann liegen.

Geschoßketten sprühten über die Mauer und die Vertiefung hinweg. Corporal Ellis glitt die Treppe wieder herunter und lag schließlich neben Sinclair und Hull.

„Es gibt nur eine Möglichkeit, dieses verdammte MG auszuschalten“, rief Ellis dem Captain zu. „Wir müssen den Stacheldraht in die Luft sprengen, auf die MG-Stellung vorgehen und sie niederkämpfen.“

Private Hull robbte an der Mauer entlang, fand ein paar Bangalore-Torpedos und kehrte mit ihnen in das Loch zurück.

Captain Sinclair sprengte mit ihnen eine Lücke in den Stacheldraht oberhalb der Treppe. Corporal Ellis rannte hindurch und erreichte eine von Gebüschen umgebene Bodensenke am Westhang, wo er in Deckung ging.

„Los, alle hinter Ellis her!“ feuerte Captain Sinclair

Hull und noch ein paar Mann an, die sich bis zur Treppe vorgearbeitet hatten. Die „Royals" rannten auf die Lükke zu.

„Da! Willi!" schrie Gefreiter Wagner, nachdem er die Kanadier erkannt hatte. Obergefreiter Neise riß das MG herum und feuerte.

Aus fünf Fenstern eines am Hang stehenden Hauses zuckten ebenfalls Mündungsblitze. Die Geschoßketten flitzten auf die Kanadier zu, deren junges Leben im Stacheldraht zu Ende ging. Damit war dieser Durchbruchsversuch gescheitert.

Die noch in den Booten vor der Küste befindlichen Kanadier waren geschockt von dem, was sie vor sich sahen. Sie starrten zu dem fremden Strand hinüber, der mit ihren Kameraden übersät war.

Vor dem Angriff hatte man ihnen versprochen, daß alles zu ihrer Unterstützung getan würde und das Unternehmen sozusagen ein Kinderspiel sein würde. Bevor die Deutschen überhaupt erwachten, würden sie schon das Tal von Puys und die Steilküste erreicht haben. Flugzeuge sollten Rauchbomben abwerfen und die ganze Bucht einnebeln. Aber die RAF-Maschinen rasten erst im Tiefflug über den Strand, als die Katastrophe bereits eingetreten war.

Doch jetzt gab es auch für sie kein Zurück mehr. Auch sie mußten an Land gehen, um nicht in den Booten vernichtet zu werden.

Um 05.30 Uhr liefen deshalb sechs weitere Landungsboote auf den Strand zu, an beiden Flanken von Kanonenbooten unterstützt. Im Schutz des künstlichen Nebels liefen sie am Strand auf. Die Rampen fielen.

„Ich sprang nach draußen und erreichte den Strand, auf dem überall Verwundete und Tote herumlagen“, berichtete Sergeant Legate aus Toronto, der damals dabei war. „Wir robbten bis zur Küstenmauer vor und blieben dort liegen. Infolge des fürchterlichen Beschusses war ein weiteres Vorgehen unmöglich. Um uns herum schrien die Verwundeten, doch niemand konnte ihnen helfen, denn jeder hatte mit sich selbst genug zu tun.“

Rechts neben Legate lief Sergeant Preston auf die Mauer zu. Eine MG-Garbe riß ihm die Beine unter dem Körper weg. Preston stürzte zu Boden und schrie. Niemand wagte es, im dürftigen Schutz der Mauer zu ihm zu robben. Deshalb verblutete der Sergeant.

Auch Lieutenant Wedd und seine Kampfgruppe stürmten über den Strand auf die Mauer zu. In dem Augenblick eröffnete ein deutsches MG das Feuer, das bis dahin geschwiegen hatte. Und wieder blieb der Tod wie in jedem Krieg der eigentliche Sieger.

Um eine totale Vernichtung seiner Gruppe zu verhindern, beschloß Lieutenant Wedd, das MG-Nest niederzukämpfen.

Er glitt an der Mauer entlang und blieb unterhalb des Schlitzes liegen, aus dem die Mündungsblitze des MG zuckten. Dann zog er eine Handgranate ab, richtete sich auf, warf sie durch den Schlitz und robbte so schnell wie möglich zurück.

Eine dumpfe Detonation ertönte. Das MG schwieg.

Mit der zweiten Welle landeten auch Captain Browne

und Lieutenant Colonel Catto, der Chef der „Royals“. Browne war Artillerieoffizier und sollte als VB das Feuer des vor der Küste liegenden Zerstörers „Garth“ leiten.

Captain Browne berichtete später: „Wir standen ständig unter Beschuß, als wir auf den Strand zuliefen. Doch die ‚Royals‘ in meinem Landungsboot blieben kühl und ruhig. Es war ihr erster heißer Einsatz im feindlichen Feuer. Doch sie zeigten keine Anzeichen von Angst und Panik.

Das Innere des Bootes war hell beleuchtet von den deutschen Leuchtkugeln und den Leuchtbomben, die unsere ‚Boston‘-Bomber abwarfen. Granaten zerplatzten über dem Fahrzeug, Geschoßketten zischten darüber hinweg.

Bei der Landung schlugen Geschosse ein. Die Männer drängten sich am Bug zusammen und zögerten einen Augenblick. Doch dann überquerten sie die Rampe, liefen zur Küstenmauer und unter die Klippen.“

„Feuer auf die Häuser rechts und links!“ befahl Captain Anderson in einem anderen Landungsfahrzeug. Er war der militärische Landungsoffizier für den Abschnitt „Blau“. Mit einem MG erwiderte er das Feuer, das aus einer Villa auf der linken Seite der Bucht den Landungsbooten entgegenschlug.

Am stärksten feuerten die Deutschen aus den beiden Villen, die rechts und links an der Küste standen. Sie waren zwar auf den Fotos der Luftaufklärer zu sehen. Doch die Führung war davon ausgegangen, daß sie nicht verteidigt würden, und hatte sie deshalb auch nicht in den Angriffsplan einbezogen. Jetzt aber stellte sich heraus, daß es deutsche Widerstandsnester mit starker Bewaffnung waren.

Private Murphy und Corporal Ruggles stiegen über die Verwundeten hinweg zum Bug und feuerten zusammen mit Captain Anderson auf die Gebäude.

„Ich schoß zuerst auf das Haus auf der rechten Seite", berichtete Private Murphy später.

Corporal Ruggles rief ihm zu: „Nimm den Kasten auf der linken Seite unter Feuer!"

Murphy riß das MG herum und zog ab. Geschoßketten knatterten auf die sechs Fenster zu, aus denen Mündungsfeuer blitzte. Murphy nahm sich eines nach dem anderen vor. Als er auf das letzte feuerte, wurde bereits wieder aus dem ersten zurückgeschossen.

In dem Augenblick konzentrierten sich die deutschen MG-Schützen auf die drei Männer im Landungsboot. Captain Anderson schrie auf, brach zusammen und blieb liegen.

Murphy und Ruggles stellten den Beschuß ein, sprangen ins Boot und warteten zusammen mit den übrigen darauf, daß die Rampe fiel.

Da schrie Lieutenant Warnecke, der Marine-Strandmeister: „Landung abbrechen. Wir kommen nicht durch."

Die Schiffsschrauben wirbelten. Mit höchster Geschwindigkeit lief das Fahrzeug zurück. „Als wir uns absetzten", erklärte Corporal Ruggles nach dem Einsatz, „sah ich kurz den Strand. Dort krochen Männer zu den Klippen auf der westlichen Seite und zur Küstenmauer. Viele lagen tot oder verwundet am Boden."

Obwohl die dritte Welle unter Lieutenant Koyl mit

sechs Booten noch landete, verstärkten sich die rückläufigen Bewegungen der an Land befindlichen Kanadier. Sie hatten erkannt, daß sie in diesem Gefecht keine Chancen mehr hatten. Eine Fortsetzung ihrer Kampfaufgaben wäre nichts weiter als glatter Selbstmord gewesen. Sie wichen zum Strand und auf die Küstenmauer zurück, um dort auf die Boote zu warten, die sie abholen sollten.

Unter ihnen Corporal Ellis, der mit am weitesten landeinwärts vorgedrungen war und in einer Bodenmulde lag, die von Büschen umgeben war.

Um ihn herum detonierten Granaten des Zerstörers „Garth". Er blickte auf den Strand hinab und sah ein einzelnes Landungsboot, mit dem Verwundete abtransportiert werden sollten. Ellis erkannte, daß dies die einzige Chance für ihn war, aus dem Hexenkessel herauszukommen.

Er arbeitete sich zur Küstenmauer zurück und rannte zusammen mit anderen auf das Boot zu, wo er einen Platz in der Nähe der Rampe fand. Obwohl das Fahrzeug bereits völlig überladen war, zwängten sich immer mehr verwundete und auch unverwundete Soldaten hinein.

Sie hockten, lagen oder standen in einer blutigen Brühe, die ins Innere schwappte.

Davon angeekelt, verließ Corporal Ellis das Boot, zog sich aus, blies die Schwimmweste auf und schwamm von der Küste weg. Zweieinhalb Stunden später fischte man ihn aus dem Wasser.

Das überladene Boot legte ab. Ringsherum detonierten Granaten. Geschosse zersiebten die Bordwände. Etwa 100 Meter vor der Küste drehte es sich schließlich um und versank endgültig. Nur wenige konnten sich retten.

Während das geschah, blickten Captain Hicks und Lieutenant Jack Koyl mit Ferngläsern zum Abschnitt „Blau“ hinüber. Sie waren die Führer der dritten aus sieben Landungsfahrzeugen bestehenden Welle, die sich noch auf See befand. Die beiden Offiziere waren sich noch nicht einig darüber, an welcher Stelle die Gruppe an Land gehen sollte.

„Ich bin für eine Landung unterhalb der Steilküste am westlichen Ende der Küstenmauer“, schlug Captain Hicks vor. „Dort haben sich die überlebenden ‚Royals‘ in den Felsen eingenistet und feuern auf die Höhen und Häuser der Steilküste.“

„In Ordnung“, stimmte Lieutenant Koyl zu, dem die gelandeten Kanadier am Strand unterstehen sollten.

Die Motoren gingen auf höhere Touren. Mit höchster Geschwindigkeit liefen die Fahrzeuge auf den Strand zu.

Dort feuerten die „Royals“ unter Major Catto auf die deutschen Stellungen, um der dritten Welle Feuerschutz zu geben. Dieser war so stark, daß die Verteidiger tatsächlich in die Deckungen gezwungen wurden und von der dritten kanadischen Welle nur ein Mann bei der Landung getötet wurde. Doch auch durch diese Verstärkung konnte die Lage bei Puys nicht entscheidend zugunsten der Angreifer gewendet werden.

Die „Royals“ traten zur letzten Offensive an, mit der sie die Höhen an der östlichen Bucht erreichen wollten. Der Versuch mißlang.

Major Catto erkannte, daß die Fortführung des Kampfes sinnlos war.

Er rief alle Überlebenden im Stützpunkt am Westende der Küstenmauer zu sich und erklärte: „Wir setzen uns ab. Vielleicht finden wir irgendwo an der Küste Boote, die uns zurückbringen."

Die kleine Gruppe zog sich über die Straße zwischen Puys und Notre-Dame-de-Bon-Secours zurück. In der Nähe des Strandes versteckten sie sich in einem Wald und warteten auf die Fahrzeuge der Marine, die aber nicht kamen. Sechs Stunden später führte Catto seine Männer wieder aus dem Versteck heraus und ergab sich auf der Straße nach Puys einer deutschen Patrouille.

Bereits Stunden vorher, gegen 08.00 Uhr morgens, wehte am Westende der Küstenmauer ein weißes Taschentuch, das an einem Gewehr befestigt war.

Die Männer vom Infanterieregiment 571 und der Funkmeßkompanie stellten das Feuer ein.

Die Überlebenden des Royal Regiments of Canada ergaben sich.

An den Kommandeur der 302. Infanteriedivision meldete das Regiment 571 um 08.35 Uhr: „Puys fest in unserer Hand. Der Feind verlor etwa 500 Mann an Toten und Gefangenen."

Am Strand von Puys lagen gefallene und verwundete Kanadier dicht gedrängt nebeneinander. Deutsche Soldaten bargen die Verwundeten und brachten sie ins Standortlazarett Dieppe. Englische Jäger erschwerten die Bergungsarbeiten.

Abschnitt Pourville.

Die heranheulende Granate krachte in einen Vorgarten. Dreck und Steine prasselten auf Sergeant Wheelers Gruppe herab, welche die „Freya"-Station erobern sollte. Ein Teil des schmiedeeisernen Zaunes wirbelte durch die Luft.

Corporal Bowman hob langsam den Kopf und wunderte sich, daß er noch lebte und nicht einmal einen der vielen herumschwirrenden Splitter abbekommen hatte.

Er, Sergeant Wheeler, der Radarexperte Jack Nissenthal und die übrigen richteten sich auf und blickten zu der Brücke hinüber, über die der Weg zu ihrem Kampfziel führte. Sie lag unter Beschuß.

Spähtrupps der „A"- und „B"-Kompanie hatten versucht, sie zu überqueren und dabei große Verluste erlitten. Zwischen den beiden Geländern lagen viele Gefallene und Verwundete.

Colonel Merritt, Chef der „A"-Kompanie, stand jenseits der Brücke und rief seinen Männern zu: „Feuerpausen ausnutzen und zu mir rüberkommen!"

Da diese aber zögerten, nahm Merritt seinen Stahlhelm ab, schwenkte ihn am Halsriemen durch die Luft, ging mitten im Kugelhagel seinen Leuten entgegen und rief: „Los, old chaps, rüber zu mir!"

Einige seiner Soldaten verließen ihre Deckungen an steinernen Torsäulen und Häusern, rannten los und liefen laut brüllend über die Brücke. Auf der anderen Seite sprangen sie in Gräben, feuerten auf die deutschen Stellungen und gaben ihren nachfolgenden Kameraden Feuerschutz.

„In der nächsten Feuerpause rennen wir rüber", rief Sergeant Wheeler.

Ein paar Minuten später war es soweit. An der Brücke herrschte Ruhe.

„Los!" rief Wheeler.

Die Männer sprangen hoch, rannten über den Asphalt und dann über die dumpf dröhnende Brücke.

Ein MG ratterte. Wheelers letzter Mann wurde von der Wucht der Geschosse gegen das Geländer geschleudert, schrie auf und blieb liegen.

Die übrigen kamen unversehrt hinüber und warfen sich auf der rechten Straßenseite in den Graben.

„Wir müssen die Reserven einsetzen", sagte Oberstleutnant Bartelt. Er stand in seinem Gefechtsstand, der in einer Burg auf den Klippen zwischen Dieppe und Pourville untergebracht war.

Bei dem Kommandeur des Infanterieregiments 571, zugleich Kommandant der Festung Dieppe, waren inzwischen viele Meldungen eingetroffen, laut denen der Gegner hohe Verluste erlitten hatte. Trotzdem war es zu diesem Zeitpunkt noch nicht vorauszusehen, wie die Kämpfe an der Bucht ausgehen würden, denn der Gegner kämpfte weiterhin verbissen. Es konnte ihm deshalb die Bildung eines Brückenkopfes gelingen.

Bartelt entschloß sich deshalb, eine elf Kilometer westlich von Dieppe bei Ouville-La-Rivière in Reserve liegende Kompanie, ausgerüstet mit Fahrrädern, zur Verstärkung heranzuziehen.

Da viele Telefonleitungen durch Zerschneiden und durch Feuereinwirkung ausgefallen waren, mußte Bartelt schnell handeln, um die Fahrradkompanie noch rechtzeitig verständigen zu können.

„Leitung nach Ouville überprüfen", befahl er den in seinem Gefechtsstand befindlichen Fernsprechmännern.

„Der Draht ist noch in Ordnung, Herr Oberstleutnant“, meldete wenig später ein Gefreiter vom Klappenschrank.

„Verbindung herstellen“, befahl Bartelt, warf nochmals einen Blick über das in der Bucht tobende Gefecht, ging zum Klappenschrank und nahm den Hörer ans Ohr.

„Haube, Sie müssen Ihre Kompanie unverzüglich einsetzen“, sagte er zu dem am anderen Ende der Leitung befindlichen Oberleutnant. „Sie marschieren über Hautot und über die Straßenkreuzung bei Petit-Appeville, etwa drei Kilometer vor Pourville.“

Zu dem Zeitpunkt glaubte Bartelt noch, daß es sich bei den gelandeten Truppen um Engländer handelte, weil die Kanadier Kampfanzüge im britischen Stil trugen. Die genannte Straßenkreuzung wählte er deswegen aus, weil sich dort die Straßen von Paris nach Pourville und die Überlandstraße von Dieppe nach Le Havre kreuzten. Wenn die feindlichen Truppen weiter ins Landesinnere vordringen wollten, mußten sie dazu diese Kreuzung passieren.

„Alles klar, Haube?“ fragte Bartelt zum Schluß.

„Jawohl, Herr Oberstleutnant“, tönte es über den Draht zurück.

„Beeilen Sie sich. Ende.“

Oberleutnant Haube ließ sofort seine Kompanie alarmieren. Innerhalb kurzer Zeit waren die Soldaten feldmarschmäßig mit ihren Fahrrädern, Stahlhelmen, Sturmgepäck, Gewehren, automatischen Waffen und Gasmasken angetreten.

Oberleutnant Haube informierte sie über den bevorstehenden Einsatz.

„Aufsitzen!“ befahl er danach.

Die Kompanie fuhr kurz darauf in Richtung Straßenkreuzung davon.

Sergeant Wheeler, Corporal Bowmann und Jack Nissenthal blickten vorsichtig über den Rand des Straßengrabens.

Über ihnen kurvten „Spitfires“ und deutsche Jäger herum. Sie stürzten auf die Erde herunter, feuerten mit ihren Bordwaffen, zogen hoch und setzten erneut zum Angriff an. Leere Geschoßhülsen fielen vom Himmel.

Auf dem hügligen Gelände oberhalb der Bucht lagen überall Soldaten des South Saskatchewan Regiments. Hinter der Faßsperre war die Straße mit Gefallenen übersät. Um sie herum ein Trümmerfeld aus beschädigten Gewehren, Stahlhelmen, ausgebrannten Rauchtöpfen, verlassenen Granatwerfern und zertrümmerten Funkgeräten.

Über der Bucht selbst zogen dunkle Rauchschwaden hin, brennende Landungsfahrzeuge trieben steuerlos im Wasser; einige saßen auf Felsen fest, bis sie die Brandung wieder losriß. In der Ferne waren Rufe, das Rattern von MG, Gewehrschüsse und das dumpfe Knallen von Granatwerfern zu hören. Ob Kanadier oder Deutsche schossen, war nicht auszumachen.

Der Radarexperte Jack blickte zu der „Freya“-Station hinüber. Noch nie war ein englischer Spezialist so nahe an das streng gehütete deutsche Geheimnis herangekommen. Trotzdem trennte noch vieles die Kampfgruppe Wheeler von dem Gerät: Betonmauern, aufgeschichtete Sandsäcke, Stacheldrahtzäune, MG-Stellungen auf dem

Geländestreifen zwischen der Station und dem vielschichtigen Stacheldraht.

Mit den geschulten Augen des Radarexperten sah Jack Nissenthal weitere Einzelheiten, die bis dahin ebenfalls noch kein Engländer erblickt hatte: Die kleine Kabine unter der großen Antenne drehte sich mit. Im Gegensatz zu vergleichbaren britischen Radarantennen rotierte die „Freya"-Antenne nur in einem Halbkreis von 180 Grad hin und her. Ein dickes Kabel verband die Kabine auf der Drehscheibe mit dem Betonstand darunter.

„Irgendwie müssen wir diese verdammt harte Nuß knacken", sagte Jack Nissenthal.

Sergeant Wheeler nickte und befahl: „Rüber zur rechten Straßenseite. Dort können uns die MG der Station nicht erwischen."

Die Männer liefen geduckt zur anderen Seite der Straße und gingen dort weiter vor. Von dem Gutshof „Zu den vier Winden", aus etwa 800 Meter Entfernung, wurde auf sie geschossen. Doch sie rannten weiter, und einer wurde getroffen.

Sie erreichten eine Stelle, an der die Straße nach rechts abbog und von dort nach Dieppe führte.

Hinter einer Hecke lagen Colonel Merritt und ein Artilleriebeobachter.

„Da ist Ihr Ziel, Jack", rief der Colonel. „Für einen Frontalangriff stehen mir nicht genügend Männer zur Verfügung. Die Artillerie muß uns unterstützen. Der VB hat versucht, Funkverbindung zu bekommen, aber es klappt nicht."

Jack Nissenthal blickte vom Straßengraben aus zu der Station hinüber, die etwa 90 Meter von ihm entfernt war.

„Geben Sie mir Feuerschutz, Colonel“, sagte er zu Merritt. „Ich muß noch näher ran an das Ding.“

Aufgrund des Befehls von Colonel Merritt gingen zwei MG-Schützen in Stellung.

„Seid ihr bereit?“ wandte sich der Radarexperte an Sergeant Wheeler und Corporal Bowman.

Die beiden nickten.

„Dann also los!“

Abschnitt Dieppe.

„Verdammter Mist“, fluchte Captain Tony Hill im Hauptzentrum des Angriffs. Er stand mit seinen „Hamiltons“ am Eingang zur Rue de Sygogne, der mit Stacheldraht verbarrikadiert war. „Da kommen wir nicht durch.“ Der Gruppe standen weder Bangalore-Torpedos noch Drahtscheren zur Verfügung.

Sie schlugen deshalb ein Fenster an dem neben ihnen stehenden großen Gebäude ein, kletterten hindurch und gelangten in ein Kino. Sie durchquerten es und betraten durch den hinteren Ausgang die Rue Couronne. Eine schmale, etwa 100 Meter lange Straße, an der große Häuser standen, lag vor ihnen.

„Ihr rechts! Ihr links!“ verteilte Captain Hill seine Leute. Zu beiden Seiten gingen sie mit schußbereiten Waffen vor.

Über die Rue St. Remy erreichten sie die Rue de Sygogne, die große Hauptstraße an der Westseite Dieppes.

Plötzlich setzte MG- und Gewehrfeuer ein. Etwa 100 Meter von Hills Gruppe entfernt, standen deutsche Soldaten in Hauseingängen oder hinter Bäumen und feuerten auf die Kanadier.

Captain Hills Männer schossen zurück, rannten an den Häusern entlang und erreichten die Rue St. Remy, in der sie verschwanden. Zwei Mann lagen verwundet auf der Straße, welche die übrigen gerade verlassen hatten.

Hill führte seine Gruppe über den Platz an der Kirche St. Remy nach Süden zur Rue de la Barre.

An der Ecke der Rue de Baines standen Franzosen, die den Kanadiern durch Zeichen und aufgeregte Rufe zu verstehen gaben, daß sich deutsche Truppen näherten.

„Zurück!" rief Captain Hill.

Doch bevor die Kanadier in Deckung oder zurückgehen konnten, wurden sie von den vorgehenden deutschen Infanteristen unter Beschuß genommen, und Private Harris fiel.

Aus allen Waffen ständig feuernd, zogen sich die Kanadier wieder in das Kino zurück.

Dort war inzwischen Major Harold Lazier mit vier Pionieren eingetroffen.

„Sie gehen auf Wache", befahl Hill Private Liss, der daraufhin das Kino verließ und sich an den Eingang stellte.

Captain Hill und Major Lazier legten einen Plan fest, wie die Straßensperre an der Rue de Sygogne in die Luft gesprengt werden könnte.

Als man ihn verwirklichen wollte, stellte sich heraus, daß die Pioniere die Zünder für die 60pfündigen Sprengladungen vergessen hatten.

„Wie konnte das denn passieren?" brüllte Major Lazier.

Doch sein Wutausbruch wurde plötzlich gestoppt.

Private Liss stürzte ins Kino und rief: „Die Deutschen kommen!“

„Raus aus dem Laden und zurück zum Kasino“, befahl Hill kurz entschlossen.

Als sie durch das Fenster sprangen, drangen die ersten Infanteristen bereits in das Kino ein und feuerten hinter den Kanadiern her. Dann nahmen sie die Verfolgung auf.

Die Kanadier blieben hin und wieder stehen, feuerten mit ihren Maschinenpistolen auf die Deutschen und rannten dann weiter, bis sie einen Graben erreichten, in dem Captain Whitakers Zug lag.

Während Captain Hills Gruppe nun schon über eine Stunde in der Stadt war, versuchte Sergeant Hickson mit seinen 18 Mann das Telefonamt zu zerstören.

Da in dem Augenblick das deutsche Feuer etwas nachließ, erreichte die Gruppe Hickson das Kino ohne Verluste. Sie durchquerte es und drang bis in die Nähe der Kirche St. Remy vor.

In der Rue de la Martinière wurden sie von deutschen Scharfschützen unter Feuer genommen. MG-Feuer prasselte ihnen entgegen.

Die Kanadier sprangen in die Hauseingänge und beobachteten, wie die deutschen Infanteristen sich zu ihnen vorarbeiteten.

„Zurückschießen!“ schrie Hickson. „Sonst nehmen sie uns in die Zange.“

Wild um sich feuernd, gelang Sergeant Hickson und seinen Männern schließlich der Rückzug in das Kino und von dort ins Kasino, ohne ihren eigentlichen Auftrag durchführen zu können.

Auch andere Teilaktionen konnten nicht in dem Ausmaß abgeschlossen werden, wie sie ursprünglich geplant waren, denn die Deutschen traten überall zu Gegenstößen an, um die Kanadier wieder ins Meer zu werfen.

Aufgrund sich widersprechender und unklarer Meldungen war die oberste Führung des Dieppe-Unternehmens, an der Spitze Major General Roberts, nicht genau darüber orientiert, wie es an den Landestellen wirklich aussah.

Außerdem störten deutsche Funker den Funkverkehr zwischen den gelandeten Truppen und der Führung auf dem vor der Küste liegenden Zerstörer „Calpe“ ganz erheblich. Um den Gegner noch mehr zu verwirren, setzten sie sogar Meldungen im Feindstil ab.

Es war deshalb für Roberts und seinen Stab sehr schwierig, echte von falschen Informationen zu unterscheiden. Im Funklogbuch des Zerstörers „Calpe“ sind beispielsweise vier Meldungen vorhanden, die angeblich von den Fusiliers Mont Royal stammen sollten, in Wirklichkeit aber Fälschungen waren.

Aufgrund dieser Situation warf Roberts die letzte Reserve ins Feuer und befahl: „Landung der Royal Marines am Strand ‚Weiß‘!“

Damit begann eine weitere Tragödie.

Abschnitt Pourville.

Jack Nissenthal blickte aus dem Graben, vor dem ein alter Weidezaun stand. Die Geschosse pfiffen über ihn hinweg, mit denen ihm Colonel Merritt und seine Männer Feuerschutz gaben.

Er kroch unter dem Draht her und robbte langsam

weiter. Dabei scheuerte er sich die Hände an scharfen Steinen und Stümpfen von abgesägten Bäumen und Sträuchern wund. Alle paar Meter blieb er liegen, preßte das Gesicht dicht an den Boden und atmete tief durch.

So arbeitete er sich bis auf wenige Meter an den ersten Hügel heran. Vorsichtig hob er zur Orientierung den Kopf. Es schien so, als ob die Radarstation zur Seeseite hin nicht durch Verteidigungsstellungen geschützt wäre. Er konnte nur diejenigen erkennen, die gegen Angriffe aus Richtung Pourville und von der Straße her angelegt worden waren.

Nissenthal kroch noch ein paar Meter weiter und blieb wieder liegen. Über ihm flogen britische und deutsche Jäger herum, die in Luftkämpfe verwickelt waren. Geschoßsplitter prallten um ihn herum auf die Erde. Schließlich glitt er an der Rückseite der Radarstation weiter vor.

Plötzlich fielen Schüsse. Kugeln zischten über ihn hinweg. Er wußte nicht, ob die Funker auf ihn oder die hinter ihm liegenden Kanadier schossen. Kugeln rissen um ihn herum die Erde auf. Er drehte sich auf den Bauch, robbte so schnell wie möglich zurück, rannte geduckt über die Straße und warf sich bei Colonel Merritt und seinen Männern flach auf den Boden.

„Ich gehe zurück nach Pourville, Colonel“, erklärte der Radarexperte nach einer kurzen Verschnaufpause. „Und von dort zur Straßenkreuzung bei Petit-Appeville. Dort müssen unsere Panzer vorbeikommen, falls sie in Dieppe gelandet sind. Ein einziger genügt, um die deutsche Stellung zu knacken.“

Zusammen mit Sergeant Wheeler und den übrigen

ging er den Pfad hinunter. Unterwegs zerschnitten sie ein paar deutsche Feldfernsprechkabel. Ob das allerdings einen positiven Einfluß auf ihr Landeunternehmen hatte, wußten sie nicht.

Abschnitt Dieppe.

Die zehn Landungsboote mit den Royal Marines und französischen Jägern an Bord formierten sich etwa fünf Kilometer vor Dieppe-West zum Angriff. In Begleitung von Kanonenbooten setzten sie sich in Bewegung und liefen auf die Küste zu.

Dunkler Rauch strich über sie hinweg. Granaten warfen Wassersäulen zwischen ihnen hoch. Dennoch blieben sie stur auf Kurs. Kein Fahrzeug brach aus der Formation aus.

Lieutenant Buist, Kommandeur der Freien Französischen Jäger (Chasseurs), berichtete über diesen Einsatz: „Von der Ost- und Westseite der Bucht schoß die deutsche Artillerie Sperrfeuer. Aus den Häusern entlang der Promenade schlug uns sehr schweres MG-Feuer entgegen. Das alles zeigte uns schon da, wie schwer die Landung und der weitere Angriff sein würden.

Hinzu kam der Anblick eines brennenden Panzerlandungsfahrzeugs am Strand, neben dem ein weiteres mit schweren Beschädigungen lag. Über unseren Köpfen detonierten Granaten.

Ich fragte Colonel Phillips, was er von dem weiteren Vorgehen halte. Er aber schwenkte bloß die Arme in Richtung Strand und gab mir so zu verstehn, daß er landen wollte, egal was das koste."

Die kleine Landungsflotte stieß durch die künstliche

Nebelbank und lief mit höchster Geschwindigkeit im hellen Sonnenlicht weiter. Eine Besatzung nach der anderen wurde von Geschossen erfaßt. Darunter auch Seeleute, die bereits schon einmal Truppen angelandet hatten.

Colonel Phillips, schockiert und entsetzt von dem fürchterlichen Abwehrfeuer, kletterte auf den Bug seines Landungsschiffes und zog sich ein Paar schneeweiße Handschuhe an, die von allen gut gesehen werden konnten.

Er wandte dem gegnerischen Feuer den Rücken zu, erhob seine Hände und schwenkte sie in Richtung auf die künstliche Nebelbank.

Dabei rief er laut: „Um Gottes willen, alles zurück!"

Diejenigen, die ihn nicht hören konnten, erkannten aber, was er mit den Bewegungen seiner mit weißen Handschuhen versehenen Hände meinte. Aber auch auf deutscher Seite erkannte man, daß sich die kleine Flotte zurückziehen wollte.

Zahlreiche MG streuten die Brandung ab, um die Landung zu verhindern. Andere feuerten auch auf den großen Mann am Bug eines Landungsfahrzeugs. Colonel Phillips stürzte herab und starb in dem Augenblick, als er versucht hatte, das Gros seines Kommandos zu retten.

Fünf zerschossene und beschädigte Boote drehten bei und liefen vom Strand ab, um die schützende Nebelwand zu erreichen. Für zwei weitere aber war es bereits zu spät. Sie liefen am Strand auf. Von den herausstürzenden Marinern erreichten jedoch nur wenige einen beschädigten Panzer, hinter dem sie in Deckung gingen. Die übrigen fielen bereits auf den Rampen.

Auch in allen Booten, die in die Nebelwand eintauchten, lagen Gefallene und Verwundete.

Die Landung der letzten Reserve war damit gescheitert.

Major General Roberts hörte sich an Bord des Zerstörers den Bericht eines Offiziers der Royal Mariners an. Er konnte es immer noch nicht glauben, daß die Lage am Strand wirklich dermaßen katastrophal und schrecklich war.

Alle führenden Offiziere auf dem Zerstörer „Calpe" waren bestürzt und schockiert von den vielen aufgetretenen Fehlern und falschen Entscheidungen.

Deshalb entschloß sich Major General Roberts, mit den Schiffen an Land zu gehen, welche die letzten Panzer nach Dieppe bringen sollten. Deren Kommandeur, Commander Earl Beatty, saß in einem Boot, das längsseits an der „Calpe" lag.

Roberts rief ihm zu: „Warten Sie. Ich fahre mit Ihnen."

„Tut mir leid, Sir", erwiderte Beatty. „Dafür liegt kein Befehl des Naval Commanders vor. Außerdem rate ich Ihnen dringend davon ab, denn Ihr Platz ist hier und nicht am Strand."

Roberts sah ein, daß der Marineoffizier recht hatte. Denn seine Gegenwart im Landungsraum würde so gut wie nichts an den dortigen Zuständen ändern. Ferner mußte er ja noch den Rückzug leiten. Hinzu kam, daß er der einzige Offizier bei den alliierten Streitkräften war, der einen Angriff gegen Hitlers „Festung Europa" befehligt hatte. Seine Kenntnisse und Erfahrungen würden

den Planern der kommenden und vermutlich kriegsentscheidenden Invasion äußerst nützlich sein. Deshalb führte er sein Vorhaben nicht durch und kehrte in die Kabine zurück, in der sein Gefechtsstand eingerichtet war.

Captain Hughes-Hallett betrat den Raum und sagte: „Sie müssen etwas unternehmen, Roberts, bevor der letzte Mann am Strand zusammengeschossen wird."

„Und was?" fragte der nur mit Hemd und Hose bekleidete Roberts.

„Vanquish!" kam es über die schmalen Lippen des Captains, der trotz der Hitze, der Hiobsmeldungen und der Aufregungen kühl und ruhig blieb. „Vanquish" (besiegen, bezwingen) war der Deckname für den Rückzug der Landungstruppen.

„Das kommt im Augenblick noch nicht in Frage", erwiderte Major General Roberts. „Ich muß erst genau wissen, wie es bei den ‚Royals' bei Puys aussieht."

„Auf die können Sie keine Rücksicht mehr nehmen", erklärte der Captain eindringlich. „Von Joe (Deckname für die eben genannte Einheit) liegen keine Meldungen mehr vor. Wir müssen damit rechnen, daß die ‚Royals' aufgerieben wurden. Deshalb dürfen Sie nicht das Leben der übrigen aufs Spiel setzen."

„Sie haben gehört, was ich gerade gesagt habe", entgegnete Roberts kühl. „Und dabei bleibt es im Augenblick noch."

Das Drama an den Stränden von Dieppe ging weiter...

Abschnitt Pourville.

Gespannt blickten alle auf das graue Band der Landstraße.

Kurz darauf erschienen in der vor ihnen liegenden Biegung Soldaten in feldgrauen Uniformen auf Fahrrädern. Die Gewehre hingen quer über den Rücken, an den Koppeln trugen sie Handgranaten und Patronentaschen. Es war die Reserveeinheit des Infanterieregiments 571, die Oberstleutnant Bartelt von Ouville aus in Marsch gesetzt hatte.

Sergeant Wheeler und seine Männer standen wie erstarrt da.

Die Deutschen waren genauso überrascht, aber sie reagierten schneller, sprangen von den Rädern, ließen sie einfach fallen, gingen rechts und links der Straße in Deckung und eröffneten das Feuer.

Sergeant Wheelers Gruppe sprang von der Straße, rutschte die Böschung hinunter und setzte sich durch einen Obstgarten ab. Hinter ihnen ratterten MG. Die Geschosse schlugen neben ihnen ein und zerfetzten die Blätter.

Im Kasino saßen und lagen verwundete Kanadier herum. Dort war es heiß wie in einem Backofen. Explosionen erschütterten das ganze Gebäude, auf das die Deutschen von allen Seiten feuerten. Die Geschosse schlugen massenhaft in die Wände ein. Soldaten brüllten durcheinander, Verwundete stöhnten und schrien.

„Da! Seht euch das an!“ rief Corporal Bowman.

Sie blickten durch ein zerschossenes Fenster nach draußen. Etwa 800 Meter östlich vom Kasino bewegte sich etwas im künstlichen Nebel.

„Ein Landefahrzeug", stieß Wheeler hervor. „Anscheinend wollen sie uns holen."

„Aber wie kommen wir durch diesen Schlamassel zum Strand?"

„Das frage ich mich auch", sagte Private Honey mit resignierender Stimme.

Die Männer im Kasino wußten naturgemäß nicht, was inzwischen geschehen war.

„Joe hat große Schwierigkeiten", quäkte eine Stimme aus dem Lautsprecher, der in Major General Roberts Gefechtsstand auf dem Zerstörer „Calpe" an der Wand hing.

Kurz darauf meldete der Funkraum über den Lautsprecher: „Joe hat sich ergeben!" Damit waren die Fuseliers Mont Royal im Abschnitt Puys gemeint, auf deren Meldung Roberts gewartet hatte.

Roberts befahl sofort: „Vanquish at 10.30." (Rückzug um 10.30 Uhr.)

Die Funker der „Calpe" gaben den Befehl per Sprechfunk an zwei Funkstellen an Land durch, mit denen noch Verbindung bestand. Von dort lief er mündlich von Einheit zu Einheit weiter.

Die „Saskatchewaner" und „Camerons" zogen sich langsam an die Bucht von Pourville zurück. Über dem Wasser schwebten dicke Rauchwolken. Weißrot flammte das Mündungsfeuer der britischen Schiffe, die auf die deutschen Stellungen feuerten.

Die gelandeten Truppen wußten da noch nicht, daß sich die Evakuierung um eine halbe Stunde verzögern würde, da die Bomber der RAF erst um 11.00 Uhr eintreffen konnten, um die Aktion aus der Luft zu unterstützen.

Um 10.22 Uhr befahl Captain Hughes-Hallett seiner Flotte: „Anlaufen!“

Die schwierige Rückzugsoperation begann. Sie war in der Geschichte des Krieges ein seltener Fall.

Zwei Schiffskolonnen liefen auf die Küste zu: Eine unter Lieutenant Commander Dathan für Strand „Rot“ und die andere unter Commander McClintock für den Abschnitt „Weiß“.

Die Kommandanten der Schiffe hatten folgenden Auftrag: So viele Truppen wie eben möglich an Bord nehmen. Rückfahrt zu den Zerstörern oder größeren Landungsfahrzeugen. Ausladen der Truppen und wieder Rückkehr zu den Stränden.

Um 10.44 meldete der an Land befindliche Brigadier Southam an den Zerstörer „Fernie“: „Der Feind wartet entlang der ganzen Küste auf Vanquish. Bill.“

Southam hatte während des ganzen Einsatzes seine Funkmeldungen mit seinem Decknamen „Bill“ versehen, damit sie nicht mit gegnerischen Täuschungen verwechselt wurden.

Er bekam keine Antwort auf die Warnung. Deshalb fragte er zehn Minuten später bei „Fernie“ an: „Wann kommen die Boote endlich?“

Jetzt antwortete man ihm: „Alle Boote sind unterwegs. Einnebelung erfolgt.“

Um 11.20 Uhr sah der in einem Panzer sitzende kanadische Major Rolfe, wie die ersten Boote aus der auf der See liegenden künstlichen Nebelbank herauskamen. Er meldete sofort an „Fernie“: „Boote laufen unter sehr starkem Feuer an. Wir benötigen dringend Unterstützung, denn sonst können sie nicht landen. Mehr Nebel und Luftunterstützung!“

Die an Land befindlichen Truppen bereiteten sich auf die Evakuierung vor. Über ihnen flogen deutsche Bomber herum und warfen Sprenglasten ab. Das Wasser am Strand kochte und brodelte von Granateinschlägen, Werfergranaten und MG-Feuer.

Die ersten vier Boote liefen auf die Küste zu. Noch bevor sie aufsetzten, begann ein wilder Ansturm. Hunderte von Männern kamen aus ihren Deckungen heraus. „Essex“, „Scottish“, „Hamiltons“, „Royals“, Pioniere und am Strand Verbliebene sprangen aus ihren Löchern. Sie kamen von der Küstenmauer und hinter beschädigten Panzern hervor, um wie eine große dunkle Welle an den Strand zu fluten.

„Nebelkanister werfen und dann raus aus der Hütte!“ rief Sergeant Wheeler im Kasino, als die Boote zu sehen waren.

Die Nebelkanister flogen durchs Fenster, zischten und stießen Rauchwolken aus.

„Los, durchs Fenster“, befahl Wheeler. Er kletterte als erster hindurch. Corporal Bowman, Nissenthal und die übrigen folgten ihm und rannten über das Pflaster.

Eine Zerstörergranate schlug hinter dem Kasino ein. Die Druckwelle riß die geduckt laufenden Männer fast von den Füßen.

Von einer Anhöhe prasselte MG-Feuer auf sie herab. Geschosse zischten an ihnen vorbei.

Verwundert und erschöpft erreichten nur Wheeler, Corporal Bowman und Jack Nissenthal einen Wellenbrecher, dessen Pfähle angefault waren und in den Planken große Lücken aufwiesen. Sie zogen die schweren Kleidungsstücke aus, warfen die Waffen weg und wateten in das Wasser, das allmählich tiefer wurde.

„So lange wie eben möglich tauchen und im Zickzack schwimmen", riet Wheeler seinen beiden Gefährten, als sie das Ende des Wellenbrechers erreichten.

Als ihre Kräfte erlahmten, schwammen sie aufgetaucht weiter und entdeckten hinter einer Nebelwand den stumpfen Bug eines Landungsfahrzeugs, dessen Rampe zur Hälfte heruntergelassen war.

Ein Motor sprang an, und die Schraube begann sich zu drehen.

Die drei streckten die Arme aus und packten den Rand der Rampe. Männer von der Navy zogen sie ins Innere des Bootes. Der Boden war mit Wasser bedeckt, das über die dort liegenden Verwundeten schwappte.

Der Maschinist ließ den zweiten Motor an. Das Boot nahm Fahrt auf und lief ohne Schwierigkeiten aus der unmittelbaren Gefahrenzone heraus.

Während, allgemein gesehen, der Rückzug zum Strand einer Panik glich, bei der keine Rücksicht auf die Verwundeten genommen wurde, setzten sich die noch im Kasino befindlichen „Hamiltons" einigermaßen geordnet ab.

Unter Lieutenant Colonel Labatts und dem Feuerschutz der übrigen rannten kleinere Gruppen von der Sonnenterrasse durch die Löcher im Stacheldraht zum

Strand. Dabei trugen deutsche Gefangene kanadische Verwundete auf Tragen.

Eine Gruppe von Offizieren bildete an den Türen eine Nachhut, um den Rückzug zu decken.

Die Deutschen kamen aus den Häusern an der Seeseite heraus, rannten über die Promenade und versuchten, von hinten in das Kasino einzudringen. Sie feuerten mit Maschinenpistolen, warfen Handgranaten und zwangen die kanadischen Offiziere zum Rückzug auf die zur See hin liegende Terrasse.

Als die Einschiffung der „Hamiltons" begann, gab Labatt der Nachhut durch Sprechfunk den Befehl: „Zurückziehen!"

Er selbst ging zum Wasser und berichtete später wie folgt darüber:

„Alle Boote, die wir sehen konnten, waren überladen. Wir gingen nach Osten, um zu sehen, wie dort die Dinge standen. Dabei stießen wir auf die Nachhut aus dem Kasino, die zusammen mit uns zu den Booten watete, die gerade auslaufen wollten. Wir kletterten in das letzte Boot, das zum Bersten gefüllt war. Wir waren gerade an Bord gegangen, da lichtete sich die Nebelwand.

Alle deutschen Waffen richteten sich auf uns, und die Hölle war los. Dieser Feuerorkan war heftiger und stärker als das, was wir vorher erlebt hatten.

Im Handumdrehen war die Bucht übersät von Wracks, auf und ab hüpfenden Köpfen und winkenden Armen. Eine Granate schlug in dem Boot neben uns ein und richtete ein fürchterliches Blutbad an."

Auch das Boot, auf dem sich Labatt befand, bekam einen Volltreffer. Labatt schwamm schließlich zur Küste zurück und sorgte dafür, daß Verwundete auf ein Panzerlandungsfahrzeug kamen, mit dem sie in Sicherheit gebracht werden konnten. Labatt selbst blieb am Strand.

Von den entsetzlichen Szenen, die sich in dieser Rückzugsphase abspielten, können nur einige angeführt werden, die aber charakteristisch für viele andere sind.

Zwei Kilometer vor der Küste nahm ein LCT 80 Mann von einem sinkenden Boot an Bord. Das bereits überladene Landing Craft Tank begann nun ebenfalls zu sinken. Die Männer warfen alles über Bord, was nicht mehr benötigt wurde. Doch das Fahrzeug sank weiter.

„Was ist mit den Deutschen?“ schrie plötzlich jemand.

Unter der Menge befand sich eine Gruppe deutscher Gefangener, die bis an die Hüften im Wasser standen.

Eine plötzliche Stille breitete sich nach diesem Ruf auf dem Schiff aus. Alle blickten zur Brücke und zum Kommandanten, der mit der Navigation beschäftigt war und deshalb nicht mitbekam, was nun geschah.

Die Kanadier warfen die gefangenen Deutschen nun über Bord. Von allen deutschen Kriegsgefangenen, die an den Hauptlandeplätzen gemacht wurden, kamen nur drei in England an.

Um 13.00 Uhr fuhr der Zerstörer „Calpe“ zum letztenmal durch Rauch und künstlichen Nebel vor Dieppe, um die Lage an der Küste zu erkunden. Dunkle Qualmwolken stiegen von den in Brand geschossenen Landungsfahrzeugen und den brennenden Gebäuden auf. Deshalb war die Sicht sehr schlecht. Von See aus war am Strand keine Bewegung mehr zu erkennen. In Wirklichkeit aber befanden sich dort noch Hunderte von kanadischen Soldaten.

In der Burg, weiter landeinwärts, in der sich Oberstleutnant Bartelts Gefechtsstand befand, telefonierte ein Stabsoffizier mit dem Divisionsgefechtsstand in Envermeu. Er sagte:

„Die britischen Marinestreitkräfte haben sich zurückgezogen. Reste der Landstreitkräfte halten sich noch in allen Buchten. Ich erbitte von General Haase den Befehl zur Säuberung* des Schlachtfelds."

„Warten Sie einen Augenblick", erklärte der Stabsoffizier. Dann stimmte der Divisionsstab der Bitte zu.

Sofort wurde der Befehl an alle Einheiten des Infanterieregiments 571 weitergegeben.

Sie sahen, wie ein weißes Tuch hinter einem Panzer hochgehoben wurde, der westlich vom Kasino stand. Ebenso auf einem beschädigt am Strand liegenden Landungsfahrzeug für Panzer (LCT). Hiermit begann die Übergabe der noch an der Küste befindlichen Kanadier.

Dabei spielte sich folgende Szene ab: Major Rolfe, der immer noch Funkverbindung zu den Zerstörern „Calpe" und „Fernie" hatte, setzte eine letzte Meldung ab und verbrannte dann seine Geheimunterlagen. Seinen Wagen sprengte er mit einer Handgranate in die Luft.

Die Deutschen drangen bereits zur Küstenmauer vor, als Major Rolfe sah, daß Brigadier Southam ein wasserdichtes Päckchen unter seinem Arm trug. Darin befand

* militärischer Ausdruck

sich der gesamte militärische Angriffsplan. Dieser durfte dem Feind unter keinen Umständen in die Hände fallen.

Major Rolfe berichtete darüber: „Ich rannte zu Brigadier Southam, deutete auf das von mir angezündete Feuer und forderte ihn auf, seine Geheimunterlagen sofort zu verbrennen."

Der Brigadier widersetzte sich und erklärte: „Die Unterlagen werden noch weiterhin gebraucht. Kümmern Sie sich nicht darum, sondern sorgen Sie dafür, daß der Strand verteidigt wird."

„Hören Sie auf mich!" sagte Rolfe eindringlich. „Verbrennen Sie das Zeug, ehe es zu spät ist."

„Wir ergeben uns nicht", rief Southam zurück.

Doch dann sah Brigadier Southam offenbar plötzlich ein, daß die Deutschen von allen Seiten herankamen und jeglicher Widerstand sinnlos war. Er versuchte deshalb, das Päckchen mit den höchst geheimen Unterlagen zu vergraben.

Ein deutscher Offizier bemerkte es, eilte mit ein paar Mann herbei und nahm die wichtige Beute an sich. Damit fiel auch der Absatz 37 des Angriffsplanes in deutsche Hände. Er enthielt eine für die weitere Kriegsführung verhängnisvolle Anweisung. Und zwar, daß allen deutschen Kriegsgefangenen die Hände gefesselt werden sollten.

An allen Stränden trat Ruhe ein. Rauch und Qualm zogen zur See hin ab. Über dem blauen Wasser strahlte die Sonne.

Innerhalb von neun Stunden war eine kanadische Streitmacht zerschlagen worden, deren Aufbau drei Jahre lang gedauert hatte.

Resignation, Haß und die bittere Erkenntnis, daß die Deutschen von irgend jemand vorher gewarnt worden sein mußten, waren die Gefühle der in Gefangenschaft geratenen Kanadier.

Um 14.00 Uhr hatten die deutschen Infanteristen die Strände abgesucht und die Überlebenden gefangengenommen. Sanitäter nahmen sich der Verwundeten und Toten an, soweit sie nicht vom Wasser auf die See hinausgetrieben worden waren.

Zwanzig Minuten später ließ man eine Brieftaube vom Zerstörer „Fernie" auf. In einer Meldehülse am Fuß trug sie eine von Brigadier Churchill C. Mann, stellvertretender Divisionskommandeur, handgeschriebene Meldung, die für den Oberbefehlshaber aller kanadischen Kräfte, General Crerar, bestimmt war.

Nach einer kurzen Schilderung des Kampfgeschehens hieß es im Text: „Wir bedauern, daß wir Ihre Erwartungen nicht erfüllen konnten. Die Marine schlug sich ganz hervorragend. Wir wünschen, daß wir später wieder bei einem derartigen Unternehmen dabei sind."

Während die Brieftaube über den Kanal flog, trat die deutsche Luftwaffe wieder zum Angriff auf die nun fliehenden alliierten Streitkräfte an.

Die III. Gruppe des KG 2 war wieder dabei.

„5000 Meter", sagte Feldwebel Böse in Oberleutnant Renners Maschine. Das Variometer stand weiter auf Steigen.

Bei 6000 Meter gingen die Do 217 der 7. Staffel in den Geradeausflug.

Weit voraus zuckten die Mündungsblitze der britischen Flak-Schiffe, die Sperrfeuer schossen. Wieder war der blaue Himmel übersät mit schwarzen Sprengwölkchen.

„Die Ju 88 sind bereits im Angriff", meinte der Beobachter, der, wie alle übrigen, bereits ab 3000 Meter Höhe eine grüne Sauerstoffmaske mit einem langen Gummirüssel trug.

Als die 7. Staffel näher an die Schiffe herangekommen war, krepierten pausenlos Granaten.

Eine Ju 88 erhielt einen Volltreffer und stürzte brennend ab. Die übrigen stellten die Sturzangriffe ein und flogen in fast 7000 Meter Höhe über dem Konvoi herum.

„Befehlsänderung", gab Major Weiß im Funksprech durch. „Wir greifen nicht im Sturzflug, sondern im Horizontalwurf an."

„Alles andere wäre auch glatter Selbstmord", kommentierte Oberleutnant Renner den neuen Befehl.

„Bomben klarmachen", befahl er, als die ersten Schiffe unter ihnen lagen.

Böse hantierte am Reihenabwurfgerät herum.

„Auseinanderziehen", gab Renner an seine Staffel durch.

Die Piloten flogen aus der bis dahin engen Formation heraus, um die gegnerische Flak zu zersplittern.

Das Blitzen der Detonationen steigerte sich zu einem Feuerorkan. Es sah so aus, als würden Tausende von Geschossen am Himmel explodieren.

„Bomben raus!" befahl Renner.

Der Bordmechaniker in der Bodenwanne meldete, daß die Bomben fielen und auch die übrigen Maschinen geworfen hätten. Einige Einschläge lagen dicht bei den Schiffen, ob aber wirklich Treffer erzielt worden waren, konnte nicht festgestellt werden, denn die Piloten scherten sofort seitlich aus und drückten ihre Flugzeuge an, um im Sturz von dem feuerspeienden Igel wegzukommen.

Von diesem dritten Tageseinsatz der III. Gruppe kehrten alle Maschinen zurück.

Die Besatzungen gingen zum Gefechtsstand. Da kündigten bereits Fanfarenklänge aus den Lautsprechern eine Sondermeldung des Oberkommandos der Wehrmacht an. Für die Flieger war das nichts Neues.

Und das hörten sie: „In den Morgenstunden des heutigen Tages unternahmen englische Streitkräfte, unterstützt von starken Luftwaffen- und Schiffsverbänden, an der nordfranzösischen Küste bei Dieppe eine Landung.

Unseren sofort angreifenden Kampfverbänden der Luftwaffe und dem entschlossenen Handeln der Heeresverbände gelang es, den Feind binnen weniger Stunden niederzukämpfen und zum überstürzten Rückzug zu veranlassen. Zur Stunde steht bereits kein britischer Soldat mehr auf Festlandsboden."

Die Besatzungen waren froh, als sie das erfuhren. Denn drei Feindflüge an einem Tag machten sich auch bei den zähesten Naturen bemerkbar.

Die III.*/KG 2 erlitt an diesem Tag drei Totalverluste, vier Maschinen waren auf dem Bauch gelandet, viele beschädigt und alle reif für eine umfassende Motorenkontrolle.

* Gruppe

Am Spätnachmittag erreichten die Überreste der geschlagenen Landungskräfte England. Vor dem Einsatz hatten die Planer ausgerechnet, daß zehn Prozent Verluste bei der Truppe und zehn bis 20 Prozent bei den Panzern auftreten würden. Doch in Wirklichkeit gingen fast 60 Prozent der Soldaten und alle Panzer verloren.

Die Verluste bei den kanadischen Streitkräften waren am schwersten, insgesamt 3367 Mann, 1946 Offiziere und andere Dienstgrade wurden gefangengenommen, darunter etwa 568 Verwundete. In Dieppe verlor die kanadische Streitmacht von den rd. 5000 Mann, die nur für neun Stunden eingesetzt worden waren, mehr Gefangene als später in den ganzen elf Monaten des Feldzuges in Nordwest-Europa (1944/1945). Von den sieben eingesetzten Haupteinheiten brachte nur eine ihren Kommandeur schwer verwundet nach England zurück.

Die Verluste der britischen Armee betrugen 18 Offiziere und 157 andere Dienstgrade; die der Royal Marine sieben Offiziere und 157 andere Dienstgrade. Hauptverluste der Marine waren: ein Zerstörer, fünf Panzerlandungsfähren und 28 kleinere Landungsfahrzeuge. An Marinepersonal gingen 550 Mann verloren. 106 Flugzeuge gingen bei der RAF verloren.

Auf deutscher Seite gab es 600 Gefallene oder Verwundete.

Nach dem Überfall erschien Oberleutnant Weber von der Nachrichtentruppe dort, wo das ganze Kampfgeschehen rechtzeitig erkannt worden war – bei der Funkmeßstation in Pourville. Er stellte fest, daß das „Freya“-Gerät vom Gegner nicht beschädigt worden war.

Ein Unteroffizier, der zusammen mit den übrigen Funkern die Station verteidigt hatte, machte Meldung.

„Hatten Sie Verluste?“ fragte der Nachrichtenoffizier.

„Jawohl, Herr Oberleutnant. Zwei Tote und neun Verwundete.“

Trotz dieser Sachlage gab es lange Zeit ein Gerücht, daß deutsche Funkmeßgeräte von den Angreifern entführt worden seien.

Der Anlaß dafür war ein verstümmelter Funkspruch, der das Stichwort für die Einnahme der Station („Scout“) enthielt. Er wurde beim Stab der 2. Kanadischen Division als Erfolgsmeldung gewertet. Brigadier Mann gab die Meldung an das Hauptquartier der Gesamtoperation in Uxbridge (England) weiter. Von dort gelangte sie in einem offiziellen Bericht an die Öffentlichkeit. Auch der Londoner Rundfunk (BBC) verbreitete sie, so daß sie in Deutschland von heimlichen (Abhören feindlicher Rundfunkstationen war damals verboten) ebenso wie anderen Hörern empfangen wurde. Sie erschien auch in den Berichten deutscher Kommandostellen.

In Wirklichkeit aber war sie falsch, wie eine spätere genaue Untersuchung ergab. Weder Nissenthal noch andere waren in die deutschen Funkmeßstellungen eingedrungen.

Der deutsche Oberbefehlshaber West, Generalfeldmarschall von Rundstedt, fertigte einen Abschlußbericht über gelungene deutsche Abwehr an. Darin wurde nachgewiesen, daß die Messungen des „Freya“-Gerätes F28 entscheidenden Anteil an der rechtzeitigen Auslösung der deutschen Abwehrmaßnahmen hatten und damit wesentlich zu dem Erfolg beigetragen hatten.

Unter „Nachrichtenlage“ hieß es in diesem abschließenden Bericht: „Es steht fest, daß eine Sondereinheit der Luftwaffe die Annäherung der Feindverbände zeitgerecht und richtig erkannt hat. Diese Spezialeinheit hat ihre Wahrnehmungen unverzüglich an alle in Frage kommenden Einheiten weitergegeben.

Die Landung konnte das gesteckte Ziel nicht erreichen, weil die im Abschnitt Dieppe-Strand gelandeten schweren Panzer nicht in die Stadt eindringen und die für den Landungsabschnitt Puys vorgesehenen schweren Waffen nicht an Land gebracht werden konnten, da dort die Landung bereits am Strand zusammenbrach.“

Dort, wo damals das blutigste Gefecht des Unternehmens „Jubilee“ stattfand, am Strand von Puys, steht heute ein kanadisches Denkmal mit der Inschrift:

„Hier fielen am 19. August 1942 die Offiziere, Unteroffiziere und Mannschaften des Royal Regiments of Canada bei dem Versuch, diese Höhen zu nehmen.“

ENDE

Der II. Weltkrieg

Politische und militärische Ereignisse des Jahres 1942

Januar

10. Sowjetischer Durchbruch auf Welikije Luki und Suchinitschi.
21. Japanischer Angriff auf die britische Kolonie Burma. Beginn der deutschen Offensive auf Bengasi.
29. Einnahme von Bengasi durch deutsch-italienische Truppen.

Februar

7. Deutsch-italienische Verbände gehen in den Raum El Gazala zurück.
8. Schließung des Kessels von Demjansk.
12. Erfolgreicher Durchbruch der deutschen Kriegsschiffe „Scharnhorst", „Gneisenau" und des schweren Kreuzers „Prinz Eugen" durch den Ärmelkanal. Japaner erobern Singapur.

März

7. Besetzung von Rangun (Hauptstadt von Britisch-Malaya) durch japanische Truppen.
15. Hitler am Heldengedenktag: Die Rote Armee würde im kommenden Sommer vernichtet sein.

17. US-General Mac Arthur wird Oberbefehlshaber im südwestlichen Pazifik.

April

5. Japanischer Luftangriff auf Colombo, Hauptstadt von Ceylon. Widerstand der US-Truppen auf der Philippinen-Insel bricht zusammen.
20. Öffnung des Kessels von Demjansk im Nordabschnitt der Ostfront.
28. Besetzung von Lashio an der Burmastraße durch japanische Streitkräfte.

Mai

1. Japaner besetzen Mandalay in Nordburma.
5. Eroberung der Seefestung Corregidor auf den Philippinen durch die Japaner.
7. Seeschlacht im Korallen-Meer.
8. Deutscher Angriff zur Eroberung der Halbinsel Kertsch.
12. Sowjetische Truppen eröffnen Offensive gegen Charkow.
17. Deutsche Gegenoffensive südlich von Charkow.
25. Ende der Schlacht um Charkow.
26. Start der deutsch-italienischen Offensive in Richtung El Alamein.

Juni

3. Beginn des deutschen Angriffs auf Sewastopol.
3. u. 4. Amerikanisch-japanische Seeschlacht bei den Midway-Inseln.
14. Beendigung der Kämpfe um El Gazala (Libyen).
21. Kapitulation des britischen Mittelmeerstützpunktes.

30. Die deutsch-italienische Afrika-Armee erreicht El Alamein.

Juli

1. Abschluß der Schlacht um Sewastopol.

4. bis 7. Englischer Geleitzug im nördlichen Eismeer durch deutsche Luft- und Seestreitkräfte fast völlig vernichtet.

23. Eroberung von Rostow.

25. Deutsche Ostfront-Truppen am unteren Don bei Zymlianskaja.

August

8. Amerikanische Truppen landen auf der Salomonen-Insel Guadalcanal.

11. Versenkung des britischen Flugzeugträgers „Eagle“ durch ein deutsches U-Boot im Mittelmeer. Montgomery Oberbefehlshaber der britischen 8. Armee in Ägypten.

19. Britischer Landeversuch bei Dieppe gescheitert.

21. Die deutsche 6. Armee erzwingt den Donübergang bei Kalatsch. Gebirgsjäger auf dem Elbrus.

25. Wehrmacht-Panzerverbände haben Mosdok am Nordhang des Kaukasus erreicht. Die deutsche 6. Armee steht vor Stalingrad.

30./31. Gescheiterter deutsch-italienischer Durchbruchsversuch bei El Alamein.

September

2. Vorstoß der 6. Armee an die Wolga nördlich von Stalingrad.

24. Rücktritt des Chefs des Generalstabes des Heeres, Generaloberst Halder; Nachfolger wird General Zeitzler.

30. Hitler bei der Eröffnung des Winterhilfswerks: Der deutsche Soldat werde nirgends zurückgehen.

Oktober

10. Abschaffung der politischen Kommissare in der Roten Armee.

17. Letzter deutscher Großangriff auf Stalingrad.

23. Beginn der englischen Offensive bei El Alamein.

November

3. Durchbruch der britischen 8. Armee bei El Alamein.
8. Anglo-amerikanische Landung in Algerien und Marokko.
10. Erste deutsche Luftlandungen in Tunis.
11. Südostfrankreich wird durch deutsche und italienische Truppen besetzt.
13. Rückeroberung von Tobruk durch britische Truppen.
19. Beginn der russischen Offensive bei Stalingrad.
22. Stalingrad wird von sowjetischen Streitkräften eingeschlossen.
27. Feldmarschall von Manstein wird Befehlshaber der zum Entsatz von Stalingrad bereitgestellten Truppen.

    Selbstversenkung der französischen Flotte im Hafen von Toulon.

Dezember

9. Beginn des deutschen Angriffs zum Entsatz von Stalingrad.
16. Durchbruch der Russen durch die italienische 8. Armee am Don.
19. Der deutsche Entsatzangriff auf Stalingrad wird eingestellt.

22. Beginn der russischen Offensive am Kaukasus.
31. Gefecht im nördlichen Eismeer zwischen deutschen und englischen Seestreitkräften.

B. JOCHIM

Drama am Albert-Kanal

1940. – Der Untergang einer französischen Bombergruppe

✻

H. SCHAEFFER

66 Tage unter Wasser

Die geheimnisumwobene U-Boot-Fernfahrt nach Argentinien

✻

H. ESCHBACH

Jagd auf Rommel

Himmelfahrtskommandos britischer Ranger

✻

H. HOLL

Die Festung an der Maas

1940. – Luftschlacht beim Kampf um Sedan

✻

H. HOLL

An der Todesstraße

1943. – Der verlustreichste US-Bomberangriff gegen Deutschland

✻

A. BUCHNER

Die Gespensterdivision

1940. – Erwin Rommels Panzer im Frankreich-Feldzug

✻

P. PAUS

Die Hölle von Hamburg

1943. – Vernichtung der Elb-Metropole durch alliierte Fliegerbomben

✻

K. ALMAN

Günther Prien

Ein deutsches U-Boot in der britischen Flottenbasis X/Scapa Flow